Pulte

德国劳工法

Peter Pulte

德 国 劳 工 法

实 用 压 缩 知 识

彼 得 普 特 博 士 (Dr. Peter Pulte)
盖 尔 森 基 兴 (Fachhochschule Gelsenkirchen) 专 业 大 学
教 授

Verlag Personal, Recht, Management Ltd.

Bibliographische Information der deutschen Nationalbibliothek
Die Deutsche Nationalbibliothek verzeichnet diese Publikation in der Deutschen Nationalbibliographie; detaillierte bibliographische Daten sind im Internet über http://dnb.d-nb.de abrufbar.

Übersetzer
Dr. de Gans-Li studierte in Peking Maschinenbau und erlangte im Jahr 2000 den „Master" für „Polymer and Composite Engineering" an der katholischen Universität Leuven in Belgien. Anschließend schrieb sie am Max-Planck-Institut für Polymerforschung in Mainz und am Institut für Kunststoffverarbeitung, RWTH Aachen, ihre Doktorarbeit.
Nach einer Tätigkeit als Post-Doktorandin an der technischen Universität Eindhoven in Holland arbeitet sie seit 2006 als Materialienentwicklerin im Bereich „kunststoffgebundene Materialien" in Deutschland.

Niederlassung Deutschland: Lindlaustr. 2a, 53842 Troisdorf

Umschlagskonzeption: Verlag Personal, Recht, Management Ltd.
Titelbild: © www.fotolia.de
Satz: Verlag Personal, Recht, Management Ltd.
Druck: Books on Demand GmbH, Norderstedt
Printed in Germany, August 2010

ISBN 978-3-941388-16-1

前言

劳动法的规定在一个经济制度的范围里有着特别重要的意义，因为它以特别的方式涉及到人在工作中的位置。

今天的劳动法是在19世纪工业化过程中基于大量依赖于劳动的雇员从公民法里面的劳务合同法发展起来的。具有标志性的是工作合同是雇佣关系的通用基础，而且由于人力资源供大于求，工作条件非常恶劣。这种情况促使国家颁布了劳动保护条例并且推广了社会保险条例。这种雇员共同决定的发展和条例在魏玛共和国时期继续着。这种发展在纳粹社会主义时期停滞了。在集体协商的地方遇到了权威制度：劳资协定被国家颁布的工资制度所替代，工会和雇主协会被解散了。

1945年后早先的劳动法规则在联邦德国有计划、有系统地继续发展着。这既适用于企业及超企业的共同决定也适用于单个雇员的权力。这样随着时间的推移，劳动法从一个民权的边缘区发展成一个单独的、全面的法律材料。

劳动法也经常被称为雇员的特殊权力。不过这里必须要注意不只雇员方，其受保护的需求在每个当今的政体都通过劳动法的法则得到认可。劳动法还包括雇主方的权力要求(保护企业设计自由不受到不适当的影响)，因而是适用于双方的职业法。

劳动法首先要规定雇主和雇员之间(劳动法的各方)及其组织和利益代表之间的法律关系。此外它还有为所有相关活动而设立的人员提供特殊保护的作用。人与其个体的劳动能力处于劳动生活的中心位置。

劳动法的重要意义是通过单独的个人影响和(或)其职业及组织的义务而产生的。

在下面劳动法的介绍中出于明显及可以理解的原因，有意地省略了具体问题的讨论以及判例和推荐书目。

译者前言

在中国随着市场经济的发展，面对不断出现的劳资纠纷，劳动合同的各方越来越有意识地以法律为依据来维护自己的权力。另一方面由于德国的劳动法发展得比较早也非常全面，有非常值得借鉴的经验。在这个时候本书的出现可以说是正是时候，它可以为研究提供素材。

而作为本书的译者，我是带着好奇的心情来翻译这本书的。因为我本身就是在德国工作的一名雇员，我想了解自己有哪些权力和义务。在翻译本书的过程中，我发现除了雇员，我还具有另外两重身份，即领导层雇员(具有雇主功能的雇员)以及母亲(享受母亲保护及父母时间等)。还有在阅读本书之前我一直认为在与雇主有劳动合同期间所遵守的忠诚义务及竞业禁止是个人的道德问题。但实际的情况是，忠诚义务及竞业禁止也是法律对雇员规定的义务，但并不是无限制地。同样，雇主对雇员的照顾义务也不仅仅是道德问题。另外因为我主要从事开发工作，所以德国劳动法里面对雇员新发明的规定也非常值得了解。总之作为一名在德国工作的雇员或者在德国运行公司的雇主，本书就如同它的名字是一本“压缩实用”的必读书。

在翻译的过程中，我尽量做到准确地把原文一字不漏地翻译出来。但除了准确，我也非常希望提高翻译文的可读性。由于德文的语言习惯与中文非常不同，如果把原文只是一对一地翻译过来，就难免会妨碍到行文的可读性。在种种考量之下就形成现在的版本，即在准确的前提下，根据中文的语言顺序及用词习惯对翻译文进行了调整。希望能够对读者的阅读有所帮助。

目录

缩写目录

AEntG	Arbeitnehmer-Entsendegesetz 雇员派遣法
AktG	Aktiengesetz 股份法
AG	Aktiengesellschaft 股份公司
AGG	Allgemeines Gleichbehandlungsgesetz 通用平等待遇法
ArbG	Arbeitsgericht劳动法院
ArbGG	Arbeitsgerichtsgesetz 劳动法院法
ArbNErfG	Arbeitnehmererfindungsgesetz 雇员发明法
ArbPlSchG	Arbeitsplatzschutzgesetz 工作岗位保护法
ArbSchG	Arbeitsschutzgesetz 劳动保护法
ArbStättV	Arbeitsstättenverordnung 劳动场所规定
ArbZG	Arbeitszeitgesetz 劳动时间法
Art.	Artikel 条文
ASiG	Arbeitssicherheitsgesetz 劳动安全法
AÜG	Arbeitnehmerüberlassungsgesetz 雇员转让法
BAG	Bundesarbeitsgericht 联邦劳动法院
BBiG	Berufsbildungsgesetz 职业培训法
BDSG	Bundesdatenschutzgesetz 联邦数据保护法
BEEG	Bundeselterngeld- und Elternzeitgesetz 联邦父母津贴及父母时间法
BetrAVG	Gesetz zur Verbesserung der betrieblichen Altersversorgung 改善企业养老金法
BetrSichV	Betriebssicherheitsverordnung 企业安全规定
BetrVG	Betriebsverfassungsgesetz 企业法
BGB	Bürgerliches Gesetzbuch 民法典
BPersVG	Bundespersonalvertretungsgesetz 联邦人事代表法
BR	Betriebsrat 企业委员会
BSeuchG	Bundesseuchengesetz 联邦防治法
BUrlG	Bundesurlaubsgesetz 联邦休假法
BZRG	Bundeszentralregistergesetz 联邦中央注册法
DrittelbG	Drittelbeteiligungsgesetz 三分之一参与法
DV	Durchführungsverordnung 执行规定
EBRG	Gesetz über die Einrichtung Europäischer Betriebsräte 关于设置欧洲委员会法令
EFZG	Entgeltfortzahlungsgesetz 连续支付工资法
EStG	Einkommensteuergesetz 所得税法
GBR	Gesamtbetriebsrat 共同企业委员会
GenDG	Gendiagnostikgesetz 基因诊断法
GG	Grundgesetz 基本法
GmbH	Gesellschaft mit beschränkter Haftung 有限责任公司
GVG	Gerichtsverfassungsgesetz 法院组织法

HAG	Heimarbeitsgesetz 住家劳动法
HGB	Handelsgesetzbuch 商法典
JArbSchG	Jugendarbeitsschutzgesetz 青少年劳动保护法
KBR	Konzernbetriebsrat 集团企业委员会
KG	Kommanditgesellschaft 两合公司
KSchG	Kündigungsschutzgesetz 解约保护法
LadSchlG	Ladenschlussgesetz 店铺关闭法
LAG	Landesarbeitsgericht 州劳动法院
MitbestG	Mitbestimmungsgesetz 共同决定法
MitbestErgG	Mitbestimmungsergänzungsgesetz 共同决定补充法
MontanMitbestG	Montanmitbestimmungsgesetz 煤钢共同决定法
MontanMitbestErgG	Montanmitbestimmungsergänzungsgesetz 煤钢共同决定补充法
MuSchG	Mutterschutzgesetz 母亲保护法
MuSchV	Mutterschutzverordnung 母亲保护规定
NachwG	Nachweisgesetz 证据法
OHG	Offene Handelsgesellschaft 合伙公司
PflegeZG	Pflegezeitgesetz 护理时间法
RVO	Reichsversicherungsordnung 德国保险规则
SchwarbG	Gesetz zur Bekämpfung der Schwarzarbeit 防治非法劳动法
SGB III	Sozialgesetzbuch III (Arbeitsförderung) 社会法典III (推广就业)
SGB VII	Sozialgesetzbuch VII (Gesetzliche Unfallversicherung) 社会法典VII (法定事故保险)
SGB IX	Sozialgesetzbuch IX (Rehabilitation und Teilhabe behinderter Menschen) 社会法典IX (残疾人的重返及参与)
SprAuG	Sprecherausschussgesetz 发言人委员会法
TVG	Tarifvertragsgesetz 劳资协议法
TzBfG	Teilzeit- und Befristungsgesetz 非全日制和限期法
UmwG	Umwandlungsgesetz 转型法
VermBG	Vermögensbildungsgesetz 财产构成法
WO	Wahlordnung 选举条例
ZPO	Zivilprozessordnung 民事诉讼条例

1 劳动法的分类

劳动法的规范一部分可以被归入私法(劳动合同法)，一部份可以被归入公法(劳动保护法，劳动管理法以及诉讼法)。此外还有集体劳动法(企业委员会法及劳资协议)，其被规划于私法和公法之间的具有劳动法自己类别的第三类。

劳动法可以被分为三个主要范围：

个别劳动法	集体劳动法	劳动保护法
规定了单个雇员和雇主之间的法律关系。	规定了在劳动法中出现的相关组织间的关系，“社会自治的原则”。	规定了雇员的健康保护和最低工作条件。

个别劳动法规定了单个雇主和雇员作为单独合同协商各方的关系的部份。

集体劳动法包含了劳动法里面协调工会和雇主协会关系的部份，还有如企业委员会/发言人委员会和雇主之间的关系。在企业层面上的共同决定及集体合同法也属于集体劳动法的范畴。

劳动保护法在社会性和技术性劳动保护上区分开来并且包含了雇员保护的条文。社会性劳动保护的规则还包括在青少年劳动保护法和母亲保护法中。

除了前面提到的劳动法领域，起到补偿作用的还要说劳动管理法和劳动法院司法管辖权。

2 法的来源

劳动法的来源很复杂。它是从大量的法规中分裂出来并且直到现在也不象民法或者刑法那样通过大量统一的法典来规定(不存在编纂好的劳动法典)。

基本法

基本法目录里对于劳动生活具重要意义的细则有：

第 1, 2 GG 条	**人性尊严，人格自由发展**
第 Art. 3 GG 条	**男女平等权**
第 Art. 8 GG 条	**集会自由**
第 Art. 9 GG 条	**结社自由**
第 Art. 11 GG 条	**迁徙自由**
第 Art. 12 GG 条	**择业自由**

此外第 20 I 条，28 I GG 条包括了社会国家裁定以及基本法引出的对劳动法的联邦立法(第 74 条 12 GG 款)。

法律

在众多法律中要区分是涉及规范强制性的权力还是预期的。除了联邦法律外还有涉及劳动法的州法律(比如教育休假法，节假日规则)。在成文法之下作为劳动法的来源，首先把法规建立起来(比如企业安全法规)。

判决

尽管法规的数量很多，劳动法还有比如雇员的责任和劳工斗争权的其它领域根本没作出法律规定。在这些领域判决就具有特别重要的意义。

集体合同

除了法律和法规之外集体合同对于劳动法来讲具有重要的意义。集体劳动法的引出是可以由社会各方签定的作为独立的法律规范而被议定的劳资协议。企业协定在企业的层面上起集体劳动法的作用，是由雇主和企业委员会(发言人委员会)以书面协议形式订立的。(§ 77 BetrVG, § 28 SprAuG).

企业习惯

另外一个法的来源就是企业习惯，这个习惯经常也被当作习惯法来看待。它建立在雇主持续相同的行为，并为将来相应的权力奠定基础。这个原则被判决承认，比如与圣诞节补贴相关，由雇主连续 3 年无保留条件提供。

单个劳动合同

只要不与法律或集体规则相抵触的情况下，单个劳动合同的法律来源存在于雇主和雇员间的单个约定。

欧洲法

欧洲法被赋予特别的意义。欧盟协议的规范可以直接对单独的劳动关系发挥效力。这一点特别适用于欧盟协议的第 39 ff 条 (迁徙自由) 和第 141 条 (男女工资平等)。

欧盟法 (= 规则和方针) 及欧洲法院 (EuGH) 的判决对德国劳动法有直接的影响而且高于国家法律。规则有直接和强制作用并且不需要转化成国家法。方针并不直接就是法律，它是与其目标相关的并且要求国家作出转化。

欧盟法院 (EuGH) 的判决只有在具体的个案中对各方或者国家法院产生约束力。事实上下级法院是在照着欧盟法院的判决而定向的。

欧洲法原则上着手于国家间的权力。

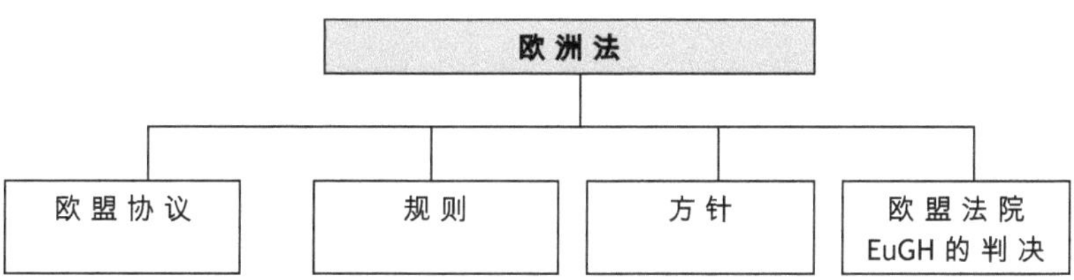

劳动法的等级结构

单独的权力渊源之间并非具有相同的等级，而是等级高的享有优先权或者专业权力渊源优先于通用权力渊源。

当等级低的规则比等级高的规则对雇员有利时，前面提到的等级原则就会导致不恰当的结果。

例子：
法定最少年假总计为24个工作日；集体合同协定的则是30个工作日。

这里生效的是所谓的“有益原则”，也就是当对雇员有益时，以下级规则为准。这里不是针对那些不允许有例外的强制性法律。剥离式的思考方式“葡萄干原理”和对全部规则总体的单个最有益规则的应用是不允许的。

例子：
雇员不可以把集体合同里规定的较长年假与单个合同里同意的较高休假津贴结合在一起。

相同等级发生相互矛盾，例如当存在两个法规时，专业原则或者制度原则就生效，即专业规则优先于通用规则。

例子：
根据劳动时间法及青少年劳动时间法的劳动时间规则。

等级结构及效力顺序

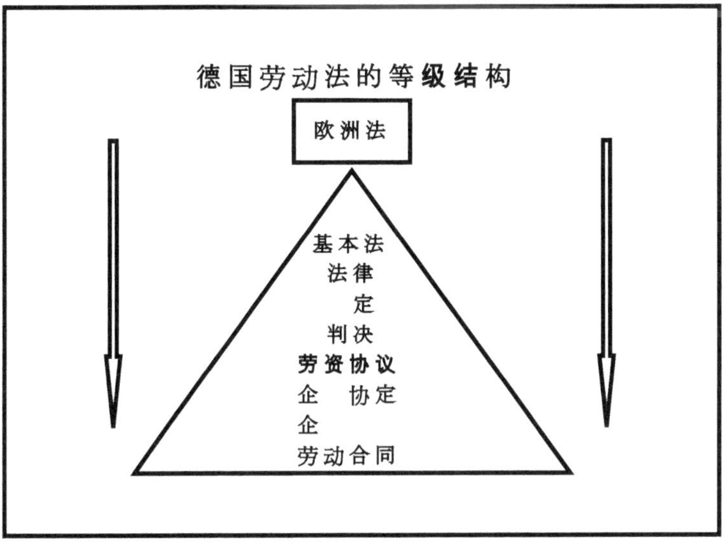
德国劳动法的等级结构
欧洲法
基本法
法律
定
判决
劳资协议
企 协定
企
劳动合同

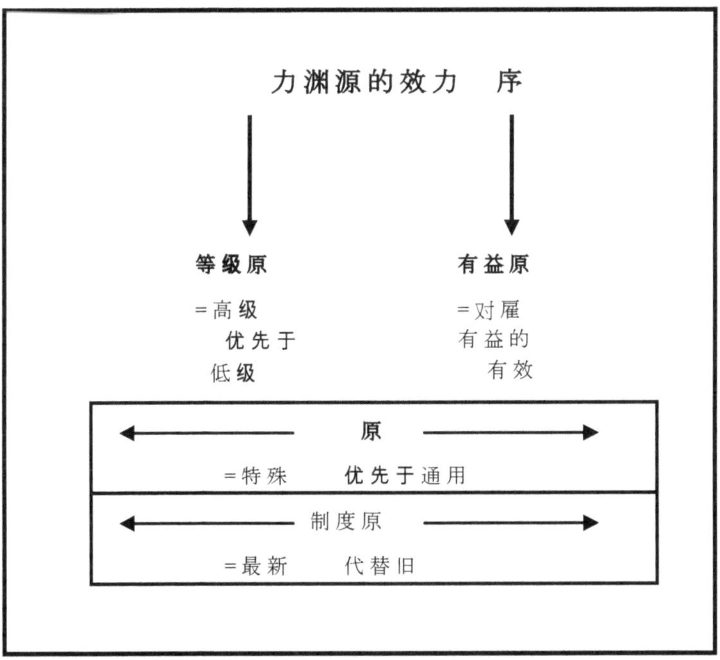
力渊源的效力 序
等级原
=高级 优先于 低级
有益原
=对雇 有益的 有效
原
=特殊 优先于通用
制度原
=最新 代替旧

3 劳动合同的各方

单个劳动合同的各方为雇主和雇员。这个合同关系在民法典BGB(第§§ 611 ff.条)里作出了规定。只要没有特殊法律专门确定的情况下，工作合同的确定可以用于所有劳动关系。它关乎于各方的工作资格和工作义务。

3.1 雇主

雇主是每一个最少有一个雇员的自然人或法人。他是有资格要求劳动给付的债权人同时又是劳动报酬的负债者。股份公司的董事会成员或者有限公司的总经理有与雇主相似的位置，他们执行相似的职能。

3.2 企业-公司

企业是有组织性的单位，在其中雇主自己或者与雇员一起借助技术或其它手段从而持续地达到劳动技术目的。然后企业就是与劳动法规则有关的生产单位。企业的部分要理解为一个企业的有限制的不自由部分。

与之相对应，公司是参与经济生活的被划归于企业的组织单位。企业与公司区别开的标志主要的不是经济目的，而是在一个(空间上相联系的)企业组织框架里的劳动技术组成。

一个公司可以有多个企业；相反一个企业也可以由多个公司构成。如果多个公司被组合那就涉及到一个集团。

3.3 雇员

雇员特征存在的决定性标准是在雇员私法里规定的由雇主指令决定的活动。在有异议时重要的是，从事者在劳动时间，分配和执行交与的工作方面是否按照雇主控制的指令来划分的。

例子：
佣金代理人在商法里规定他有自由分配工作时间而且不受约束(自主从业者)，所以并非雇员，与雇佣的代理不同(商法典HGB第§ 84条)。

雇佣领导层人员是雇员，他们一部分或全部的工作中更多具有雇主的职能。由此产生了相对于一般雇员的利益矛盾，在领导层雇员处产生了特殊性。单个雇员的分类标志并非决定性(也不在劳动合同里)，而是每个个案的真正关系。

有关劳动关系对领导层雇员存在着下列特殊性：

- 其劳动关系可以更容易地被解除(KSchG 第§ 14 条)；
- 他们要在更大程度上维护和代理雇主的利益；
- 原则上高于平均劳动能力是前提，所以超时劳动的额外酬劳就是不常见的；
- 他们可以在特定前提下选择自己有利益代理(代言人) (SprAuG 第 § 1 条)；
- 根据 1976 年的共同决定法，他们由监督委员会里自己的代表代理(MitbestG 第 § 15 II 条)；
- 他们不由企业委员会代表(BetrVG 第 § 5 III 条)；
- 他们只允许处于雇主方作为非专业陪审员工作(ArbGG 第 § 22 II 条)；
- 他们不服从劳动时间法的确定(ArbZG 第 § 18 I 条)。

3.4 与雇员相似的人员

那些尽管并非私人的，但是经济上从属的人员 (比如住家劳动者) 被称为“与雇员相似的人员”。这些人员群在不同角度被给予雇员的地位。不过并非所有劳动法保护决定都适用，而是明确提到与雇员相似人员的扩充保护范围 (BUrlG 第 § 2 条； TVG 第 § 12a 条； ArbGG 第 § 5 I 条； PflegZG 第 § 7 I Nr. 3 条)。

3.5 自由雇员

自由雇员按照无私人依赖性工作合同工作(BGB 第§ 7 条)。在这个自由劳动关系中劳动法不适用。工作的权力与义务不相联系，而对雇主来说却是必须的。工作责任者可以要求雇员才有的保护。

工作责任者在什么程度上是雇员不依赖于协议。自由雇员原则上只是那些为用自己的能力创造有经济价值的企业风险而工作的人，而且最少是为了这个原因，那些保留提供自己劳动力权力的人。自由雇员必须在涉及地点及提供工作的时间等工作形式上不依赖于其另一合同方的指令。

4 劳动合同

工作合同(BGB第§§ 611条)是个人法律的、债务法的以及针对相互成果交换的合同。它要求一方有劳动的义务而另一方有提供报酬的义务。劳动合同是工作合同的亚种。与其他负债合同(如租赁，购买，产销合同)不同，它不只限于资产的价值交换，而且还建立了一个人法律的集体关系。这以双方的忠诚义务(在雇主方叫做“照顾义务”)为标志。

4.1 劳动合同及劳动关系

劳动合同区别于劳动关系，劳动合同描述了一次性的创立行为，雇员通过其承诺了服务于雇主的劳动成果。相应的劳动关系是在合同各方之间存在的法律关系，即正处于执行阶段的劳动合同。

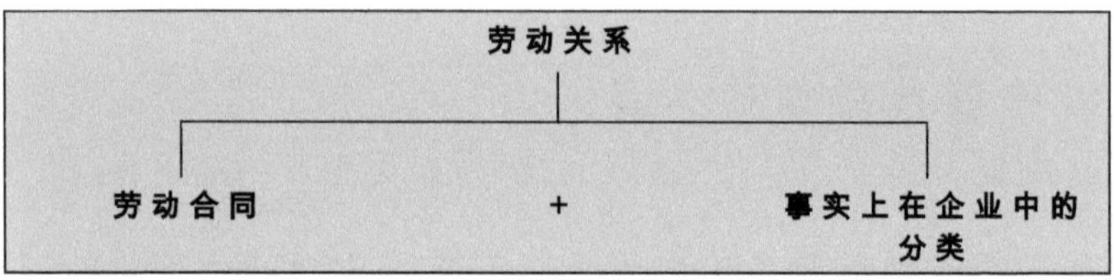

劳动关系是在雇主和雇员之间建立的个人法律和集体建立的联系, 雇员在现有企业制度内成为“员工”(=融入理论)。

4.2 劳动合同的准备

劳动合同订立前还有很多劳动法的特殊性要注意。

4.2.1 合同的启动

劳动局是一个劳动中介的重要对话夥伴。除此之外私人劳动中介对职位介绍既可以由雇员也可以由雇主申请。合适的雇员经常通过招聘广告而为企业寻找。这种在企业内部和(或者)外部发布的招聘广告必须“无性别”性地适用于女人和男人。还有关于种族、宗教或者信仰、年纪和性取向在表述中原则上都是不被允许的。公开声明必须在无个人特征歧视的情况下制订。
如果广告上的工作岗位也适用于残疾人的雇用，那么就要通知劳动局 (SGB IX 第 § 81 I 条)。

除此之外雇主必须认真地保留求职材料，而且如果没有签定劳动合同，必须归还资料 (BGB 第 § 985 条) 并且如果有的话把填写的申请表销毁 (BGB 第 § 1004 条)。 对获得的信息雇主有保密义务。

在面试的范围，雇主还可以向求职者询问下列问题：

- 关于职业及专业能力；
- 关于职业经历；
- 关于证书成绩；
- 询问关于健康状况，只要在有资格涉及利益的情况下；
- 关于目前的工资或者薪酬；
- 关于前科，只要对即将就职的职务必要时；
- 关于存在的同行竞争禁止;
- 关于严重残疾。

原则上不允许的问题

- 关于在可预测的时间里的婚姻；
- 关于所属工会、党派或者信仰；
- 关于资产；
- 关于怀孕。

雇用身体检查及心理测试只允许在法律规定的情况下 (比如 JArbSchG 第 § 32 条) 或者求职者明确同意时进行。

雇主既不可以在建立工作关系之前也不可以在之后要求进行基因的检查或分析，也不可以询问或使用这类已经进行过的检查结果 (GenDG 第 § 23 条)。雇主也不允许引起错误的期待，诱使雇员辞掉当前的职位。

此外各方可能在个别情况有义务公开可能的劳动关系的主要情况。

例子：
健康方面的特殊限制；岌岌可危的支付能力。

4.2.2 合同的签订

劳动合同与其他的债权法合同一样根据BGB第§145条通过申请和接受来完成。合同签订乃是把一致的，足够的、可以确定的愿望的书面声明作为前提，这里要理解愿望声明是一方总体的法律商业行为，它可以由口头或书面或其他(确凿的)形式组成。不必要全部法律后果都通过双方一致的愿望书面声明而最后规定。因为正是在劳动合同的情况有补充地集体协议可以生效并且形成了法律关系。如果缺少了对合同重要组成部分的一致性并且缺少的部分也没有从具体情况中删除，那么就没有形成合同。

4.2.3 合同的自由

劳动合同的签定有限制地服从于合同自由的规则，其每一出现形式表现为签定自由，造型自由，形式自由和解除自由（GewO 第§105条)。

签定自由允许组成各方自由决定，是否他们愿意签定劳动合同(GG 第 Art. 12 条)。合作方的选择自由表达了签定自由的部分观点，即可以自由选择合同方。设计自由或者内容自由给各方提供了可能性，让劳动合同的内容在法律界限里自由的调整。可是他不可以破坏好的风俗，不可以是勒索性的，不可以违背事故保护，JArbSchG及其他法规的规则(比如BGB第§§134, 138, 242, 618条)。

形式自由表述了，劳动合同可以象书面一样被口头约定。但是在个别情况下劳资协议可以要求书写形式。形式自由原则的例外根据HGB第§74条针对竞争条款而存在，通过这些条款雇员承诺在合同终止后的时间竞业禁止并且必须书面约定。解约期的约定也要求书面形式(TzBfG V 第§14 IV条)。

解除自由意味着，签定的合同也可以被解除。

如果没有书面的劳动合同被签定，那么雇主有责任在约定劳动关系开始后的四个星期内移交重要的劳动合同条件的纪要(NachwG 第§2条)。

重要合同条件的变更最迟要在改变后一个月内书面通知雇员(NachwG 第§3条)。

NachwG法对于所有雇员有效，只有对那些雇佣期最多一个月的过渡期帮工例外。对租借雇员和职业培训人员有特殊的证明条款 (BBiG第§11 AÜG条)。

签定自由方面的例外存在于下列情况下：

严重残疾者：在有多于20个工作职位的情况下雇主有责任把最少5%的工作职位让严重残疾者占有(SGB IX第§71 I条)。对每个没有被占用的职位雇主必须交纳补偿税款(SGB IX第§77条)。反歧视残疾人法由社会法典SGB IX第§81条规定。

平等对待：原则上雇主不可以由于种族或者人种来源、性别、宗教或者信仰、残疾、年龄或者性别定向而拒绝雇佣。例外存在于下列情况，即当某些特征是工作必须的前提时。

欧盟成员：欧盟成员国的国民在劳动关系的建立时与德国雇员相比不得受到歧视 (EG-Vertrag第Art. 39条)。

公共服务：根据GG法，每个德国人根据适用性和能力以及专业能力对每一公共部门具有相同的门径。除了少数例外，这也适用于欧盟国家的成员。

签约禁止：有严重或者相关的前科的人禁止作为特定雇员进行工作，培训或者监督(JArbSchG第§25条; BBiG第§28 ff条)。

4.2.4 劳动关系的内容

设计自由给予了各方在基本界线里 (包括劳资协议和企业协定)自由规定劳动合同内容的可能性。由雇主设置的合同条件的内容监控只发生在对劳动法给出的特殊情况的考虑时(BGB第§310条)。

4.2.5 最低劳动条件

最低劳动条件(工资和其他劳动条件的最低线) 可以根据联邦劳动和社会局关于最低劳动条件的法律原则确定，但是只有当

工会和雇主协会由于经济原因不存在或者人手太少时，

通过通用的有约束力的劳资协议不可能达成规定或者为达成雇员社会和经济需要的满足而显得必需时。

劳动最低条件迄今为止尚未被颁布。劳动最低条件的法律还有待更新。

4.3 雇员义务

与每一其他合同一样，权力和义务在劳动关系中相对出现，其相互的依赖性如下：

在劳动关系中的责任	
雇员	**雇主**
劳动效率	给予工资的义务
	使之从事工作的义务
忠诚的义务	照顾义务

4.3.1 劳动效率

有义务提供劳动者根据民法典BGB第§613条有疑虑时要对人提供服务。排除了几乎所有其他合同中都允许的代理。劳动成果属于雇主个人，他原则上不允许将其转让给其他雇主(民法典BGB第§613条)。

服务义务(劳动义务)的内容以强制性的法律规则、相关企业协议的规范、各方的协议和可能的企业习惯来定向。从而把与服务义务有关的劳动形式、范围和地点具体地概括出来。形式和范围通常从雇员被安插的职位名称产生。同时要从公共交通的观点提取出来，其可以由雇员提出要求。如果没有作出明确的协议，那么根据GewO第§106条有劳动义务的人员通过雇主的命令权来了解他们的具体性。这包括了劳动义务通过一方的命令明确地形成的权力。

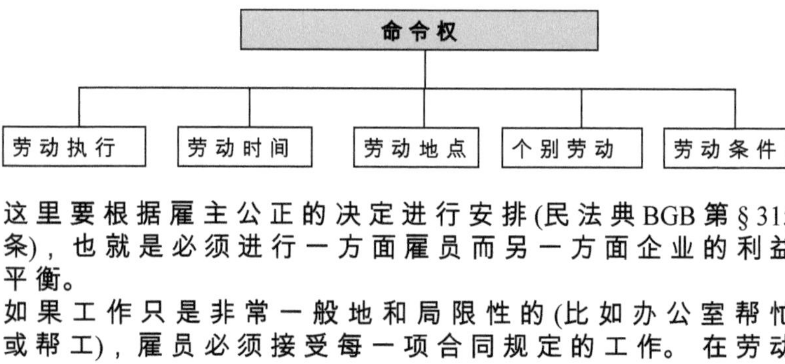

这里要根据雇主公正的决定进行安排(民法典BGB第§315条)，也就是必须进行一方面雇员而另一方面企业的利益平衡。
如果工作只是非常一般地和局限性的(比如办公室帮忙或帮工)，雇员必须接受每一项合同规定的工作。在劳动

合同确定的工作越准确，雇主确定个别要执行的工作的命令权就越有限。除非在劳动合同中提供了这种可能性，调派到更低工资劳动原则上是不允许的。

4.3.2 劳动时间

劳动时间直接产生于劳资协议、劳动合同和法律规定的保护规则(ArbZG，JArbSchG，MuSchG)。劳动时间保护首先由劳动时间法规定。它包含了公众法定的有关每日最长劳动时间(ArbZG 第 §3 条)的规则，关于休息和每日劳动结束后的非劳动时间(ArbZG 第 §§4, 5 条)以及关于周日和节假日休息(ArbZG 第 § 9 条)。另外还要考虑 JArbSchG 和 MuSchG。每个雇员每周要工作多长和多少天，这个问题的规则与劳资协议、企业协定和劳动合同最上限的保留条款保持一致。

根据 ArbZG 第 § 18 条，劳动时间法适用于所有超过 18 岁的雇员，从 BetrVG 第 § 5 条的角度来讲领导层的雇员例外。

劳动时间法以每天 8 小时的原理为出发点。每天的劳动时间可以被延长到 10 个小时，如果在 6 个月或者 24 周的抵消时间范围内，劳动时间在另一个工作日相应地被缩短，这样工作日的平均劳动时间不超过 8 小时。作为抵消也可以考虑非劳动工作日，比如每周 5 天的固定星期六休假日(ArbZG 第 § 3 条)。

劳动时间长于 6 个小时要规定最少 30 分钟的工间休息，而长于 9 小时最少 45 分钟(ArbZG 第 § 4 条)。最少工间休息时间可以在多个休息段分摊。而每个休息段必须最少为 15 分钟。雇员不允许连续工作长于 6 小时而无休息。劳动时间结束后要给予雇员不间断的 11 个小时的休息时间。对于很多时候在夜里 23 点至凌晨 6 点间工作的雇员规定有专门的保护细则(ArbZG 第 § 6 条)。

除法定的例外情况外雇员在周日和公众假日的工作在原则上是不允许地(ArbZG 第 § 9 条)。不同之处可以在劳资协议或者以劳资协议为根据的企业协定中被约定(ArbZG 第 § 12 条)。

4.3.3 加班

加班是雇员在单个合同的、劳资协议的或者企业协定里规定的正常分布的劳动时间之外提供的劳动成果。如果不存在明确的协定，那么雇员只在例外的情况下有义务提供加班。这在没有劳资协议约束而且没有企业委员会时具有特殊意义。这时对履行加班的义务必须在劳动合同里有明确的规定。否则雇主无权安排加班。除此之外还有下列限制：

- 加班不允许长期地、大规模地在协定的劳动时间之外被分配；
- 要考虑对于特殊人员群的劳动时间限制，比如对于青少年，孕期女性和母亲；
- 任何加班的规定都服从与企业委员会的共同决定(BetrVG 第 § 87 Nr. 2 条)。这也适用于紧急情况或者雇员同意的情况。

加班要付酬劳或者通过休假来抵消。ArbZG 限于非劳资协议的时间补偿规定。加长工时工作和加班原则上最少要支付一般的报酬；附加费可以是劳动合同或者劳资协议约定的；如果这类附加费是企业或者行业常见的(正常情况)，那也可以由此产生请求的权力。

如果与雇员的首要利益(比如保持他的健康，紧急的家庭原因)不相抵触，在紧急和例外情况下必须做加班。加班原则上只在劳动时间法的范围内是允许的。除此之外加班可以被拒绝。

4.3.4 劳动地点

关于劳动地点与劳动的形式及范围同样适用。特殊问题可能产生于调职。调派一个相同的职务而在其它工作岗位原则上是允许地，如果是企业利益必须的而又不与工资减少相联系并且没有表现出不公平的惩罚，也就是说不是不客观的或者任意的。调派到别的企业并非无限制地被允许。这里更换必须对雇员来说是合理的(比如同一地点)。

4.3.5 忠诚义务

如每一法律关系，劳动关系由基本法关于“忠诚和信任”主导(民法典 BGB 第 § 242 条)。此外雇员的义务作为个人法律的共同关系属于劳动关系，除了自己的劳动还要维护企业的利益，这意味着放弃所有影响他的或者第三方利益的东西，并且某些情况下自己要抵制这种威胁。忠诚义务从劳动义务的框架出发并且表现了可以说是劳动关系的观念部分。

忠诚义务的范围和内容根据各自劳动关系的状况和惯用情况来定向。有这样的原则，即获得的与各方的个人联系和他们之间存在的信任关系越近，那么它就越强而且它的伤害所占比重就越重。

忠诚义务的例子：

- 不竞争
- 维护性地使用劳动工具
- 不收取贿赂
- 不破坏企业和谐

4.3.6 兼职

雇员基本上允许接受多个劳动关系或者同时作为自雇人士工作，只要这些活动在时间上不相抵触。

前提是

- 没有造成与雇主的竞争；
- 没有由此对劳动造成损害；
- 没有超出法律规定的最长劳动时间。

4.3.7 保密义务

雇员的保密义务包括

- 跟商业有关的、只在有限人数的圈子里知道的而且不明显的事实，同时根据雇主的愿望及在合法的经济利益范围里应该被保密的事实(比如收支平衡，客户和价格清单，信誉)以及
- 雇主的个人状况或者行为，如果通过公开化而使其受到伤害或者在公众认知里被贬低时。

当雇员损害侵犯了这个义务时有损害赔偿义务而且在某些情况下可以被解雇。

损害劳动法的保密义务可能也是对有刑事责任的保密义务的损害(UWG 第 § 17 条)。这可以被处以长达三年的监禁或者受到经济惩罚。

4.3.8 竞业禁止

雇员要在劳动关系期间避免任何一项与雇主的竞争。在劳动关系结束后的竞业禁止必须被明确的约定(GewO 第§110 条) (§ 110 GewO) 而且可以延长至最高 2 年。

4.3.9 劳动保护义务

雇员需要实施安全控制而且在可能的范围内和雇主 的命令下为推动在企业中的一般劳动保护水平做贡献。

4.4 雇主的义务

4.4.1 支付工资的义务

支付工资是雇主的主要义务。执行地点是经营地点。薪酬要根据BGB 第 § 614 条在议定的结算时间范围结束时支付: 对月工资来说就可以比如每月的最后一天，只要没有其他约定(劳资协议或者单个合同、企业协定)。

工资的数目(属于劳资协议或者一般劳资协议的约束性)根据相关劳资协议定向，否则就根据个别合同的约定。如果没有这种集体法则的或个别合同的基础，那么就支付当地常见的工资 (BGB 法第 § 612 条)。

雇主有义务给予雇员分期的工资结算 (GewO 法第 § 108 条)。

4.4.2 工资保护

工资保护包括了扣押保护和转让禁止。

当雇员没有履行财政义务时，债权人在特定条件下(强制执行的法院命令，扣押和转让决定) 可以要求扣押一部分。但雇员特定的工资是不可扣押的 (比如危险 / 卫生补偿) 或者只是有条件的可扣押 (ZPO 第 § 850b 条)。

雇员不可以把不可扣押的部分转让给其他人 (BGB 第 § 400 条) 并且他也不可以通过反要求抵消债务 (BGB 第 § 394 条)。

4.4.3 给予工作的义务

雇员不只有义务劳动，他也有权要求进行工作。雇主原则上不可以把他停职，从而不再为他安排工作。有偿免除劳动在没有雇员同意的情况下只允许在例外情况下过渡性质的。

对于严重残疾人员法律明确规定了，他们得这样工作，即他们的技术和能力能够最大可能地被利用和继续发展(SGB IX 第 § 81 IV 条)。

4.4.4 同等对待

根据第 Art. 3 II GG 条，禁止由于性别、出生地、种族、语言、故乡和出身、信仰、宗教或者政见以及残疾而不同等对待。这个禁止包括直接的和不直接的(隐藏的)歧视，以及不明确的不同规定(比如母亲保护时)。这个法律规范相比于国家的防御权优先生效，但是在私法领域对于通用规则和其他有待解释的权力概念也发展出来一个所谓的第三效力。

这样劳动法规的同等对待原则禁止个别雇员或者雇员团体无客观理由而被从一般有利的规则排除以及在同等情况下被安置比其他雇员差的位置。而对个别雇员有利的情况相反地是被允许地。

从2006起同等对待法(AGG)补充性地特别规定了，没有人可以由于种族原因、由于种族来源、性别、宗教及信仰、残疾、年龄或者性取向而被歧视或者被骚扰(AGG 第 § 1 条)。法律在这里包括直接及间接的歧视(AGG 第 § 3 条)。也包括被法律保护的有关标准的歧视及通过不可取的行为方式被定向或者被影响，从而导致涉及的人被伤害以及感受到处于恐吓、敌意、屈辱、羞辱或者侮辱等特征的环境。被AGG禁止的性骚扰发生于不自愿地性行为。性和性决定的是所有有性关系的行为(AGG 第 § 3 条)。

AGG 包括了所有劳动法的范围(直到解约)。雇员在不平等对待下有上诉和可能的劳动拒绝权(AGG 第 §§ 13, 14条)。非法歧视通过补偿和损害赔偿规则被制裁(AGG 第 § 15 条)。谁要涉及AGG投诉必须首先用证据证明，有歧视嫌疑。如果这条成立，另外一方就得证明没有发生损害。

法律要求雇主，在企业内制订保护不受歧视的措施。因此要给雇员设立投诉的地方并且雇主必须在个别情况下采取适合的、必要的并且合理的措施去避免歧视的发生。开始是劝告，然后是警告，最后是解除劳动合同(AGG 第 § 12 条)。

4.4.5 照顾义务

雇员的忠诚义务对应着雇主的照顾义务。法定的标准或者通过判决发展起来的照顾义务的案例只可能照案例来执行：

保护生命和健康

雇主有义务、这样安排劳动空间、劳动工具和劳动过程，即在企业和劳动的性质允许的情况下，尽可能保护雇员的生命和健康不受到威胁 (BGB 第 § 618 条)。此外雇主必须遵守公众的法定的劳动保护规则。雇主要确保每个雇员得到适当的及岗位特定的指导并且倾听所有属于劳动保护的问题。劳动岗位的健康保护可以要求雇主施行禁烟 (ArbStättV 第 § 5 条)。

雇员的个人隐私权

在劳动关系的进行过程中，雇主了解到很多雇员的个人资料。根据受宪法保护的个人隐私权和联邦数据保护条例 (BDSG)，他受到保护，其个人资料不会被无限制地查询、复制、利用及传播。

复制与个人有关的数据只在劳动关系的目的所必须的情况下被允许 (BDSG 第 vgl. § 28 条)。

保密义务也在下列情况涉及到雇主，即对雇员的保密协议授权的利益(比如收入，健康状况，个人行为)：

雇主的保密义务被明确地规定

- 怀孕的消息 (MuSchG 第 § 5 I 条)，
- 受保护的与个人有关的资料 (BDSG 第 § 5 条)，
- 雇员的新发明 (ArbnErfG 第 § 24 I 条)。

由于他的一般照顾义务使雇主有义务保护雇员不受到上级的不公平对待，不会受到劳动同事的非法对待 (比如羞辱、肢体伤害)。

雇主不允许暗中监听雇员的私人电话对话。通过耳机或者光学监控装置(摄像机) 暗中监视雇员也同样是损害个人隐私权和有刑事责任的。

在劳动医疗检查的范围内决不允许进行基因测试或者分析，也不允许征询或者使用已经进行过的这类检查的结果 (GenDG 第 § 24 条)。

雇员财产的保护

在劳动时间里雇主要为安放私人物品以及在劳动结束后为安放工作服和工具提供一个安全的空间、柜子或者类似的地方。雇主如果提供了一个停车场，那么他要确保交通安全。对于由于第三方造成的停车损害，原则上他不需要负责。否则雇主对由他的过错造成的，雇员在劳动时遭到的损害负有责任。

5 劳动关系的特殊形式

除了在非特定时间签定的长期债权关系之外还有各种不同的其他形式的劳动关系。

5.1 试用劳动关系

不同的是

- 有限期地签定试用劳动关系和
- 在其他无限期劳动关系时提前开始的试用时间。

有限期的试用劳动关系是允许地 (TzBfG 第 § 14 I 条) 并且与限期的截止日一起结束而不需要解约。

如果约定了有提前开始试用期的无限期的劳动关系，那么试用期内的解约通知提前期为两周 (BGB 第 § 622 III 条)。然而约定的试用期不允许超过6个月。

5.2 限期

有期限的劳动合同在法律上由非全职劳动以及有限期的劳动合同 (TzBfG) 来规定。

5.2.1 由于客观原因造成的限期

劳动合同的限期总是在有客观、合理的原因时被允许。TzBfG 法第 § 14 I 条里包括一个关于典型的有限期的原因目录 (比如过渡性额外劳力的需要，代理一个其他的雇员)，没有制定一个最终的法规。

无限期劳动关系应该保持工作的一般形式。为了简化有工作限期雇员过渡为无限期工作，要遵守下列规定：

- 雇主要通知有限期的劳动者关于企业及公司内的长期劳动岗位 (TzBfG 第 § 18 条)。
- 当没有业务上的重要原因或者不与其他雇员优先深造愿望相抵触时 (TzBfG 第 § 19 条)，要使有工作限期的雇员参加适当的教育及培训措施成为可能，以促进其职业的进一步发展及机动性。
- 必须通告企业和雇员委员会关于有工作限期雇员的数目以及他们在企业和公司所占员工总数的比例。雇员的代表应该有效地影响招聘并且能够代表有工作限期雇员的利益(TzBfG 第 § 20 条)。

5.2.2 无客观原因的限期

无客观原因的劳动合同的限期只在新聘用时允许。当劳动合同或者其最高三次被延期的总期限没有超过两年，那么日历根据的有限期劳动合同就不需要客观原因(TzBfG 第 § 14 II 条)。当跟同一雇主已经存在一个无限期或者一个有限期劳动合同时是不允许的(TzBfG 第 § 14 II 条)。在公司新成立时是允许长达 4 年的有限期合同的(TzBfG 第 § 14 II 条)。

5.2.3 书写形式

TzBfG 法第 § 14 IV 条要求了有限期劳动合同的书写形式。这个法定书写形式的要求只与有限期约定有关。书面的有限期理由的给出只在有用途限制的情况下是必须的。如果有必要也适用于可能的简化限期而不须客观原因的情况。当不采用书写形式时，有限期劳动合同在不确定的时间里签定生效(TzBfG 第 § 16 条)。

5.2.4 有限期劳动关系的结束

时间上有限制的劳动合同在限期满时终止。TzBfG 法第 § 15 II 条规定了，只有当雇主最少提前两周书面通知的情况下，有目的限期的劳动合同在达到目的时才结束。根据 TzBfG 法第 § 15 III 条，只有当以书面形式或在劳资协议中约定了时，有限期劳动关系才服从正常解约。非正常解约(无限期)在有重要理由时总是可能的。

5.3 非全日制劳动关系

非全日制劳动关系是所有这样的劳动关系，即正常的每周工作时间比全日制雇员的短(TzBfG 第 § 2 条)。非全日制劳动的特殊形式有

- 可变化的根据工作量调整的适当的劳动时间(根据能力定向的可变化劳动时间)及
- 劳动岗位的分享(分担工作)。

为保护被涉及的雇员，有关这类合同形式的保护规定被列入 TzBfG 法第 §§ 12, 13 条里。

5.3.1 请求权

其劳动关系长于六个月的，在多于15个雇员的企业中工作的雇员有权要求非全日制劳动。只有当有与之相抵触的企业原因时，雇主才可以拒绝雇员减少劳动时间的要求 (TzBfG 第 § 8 IV 条)。非全日制的请求资格由BEEG法第§ 15 条，PflegeZG 法第 § 3 Abs. 1 条及 SBG IX 法第 § 81 V 条给出。

这类原因只在下列情况下存在，当雇员走不开时，劳动程序重组将产生问题或者非全日制劳动造成了不成比例的高成本时。根据法 TzBfG 第 § 8 V 条，与雇员请求非全日制劳动相抵触的企业原因只有当雇主在一个月内书面提出时才被考虑。

5.3.2 限期

雇员减少劳动时间的请求最晚必须在开始前三个月提出来 (TzBfG 第 § 8 条)。同时他必须说明，应该怎样把减少的周劳动时间分配到一周里的每个劳动日 (TzBfG 第 § 8 II 条)。

根据 TzBfG 法第 § 9 条，非全日制工作的雇员，如果其表现了想延长他的合同约定的劳动时间的愿望，那么在填补相应的职位空缺时要受到优先考虑。这一条只在下列情况无效，即有紧急的企业原因与之相抵触或者其他非全日制工作雇员有劳动时间请求，而其在公益角度占优先地位时。

5.3.3 禁止歧视 / 通知的义务

TzBfG 法第 § 4 条规定了禁止歧视。根据 TzBfG 法第 § 4 I 条，非全日制工作的雇员劳动报酬或者其他可分的有现金价值的劳动 “最少要在下列范围内提供，即其劳动时间应得的部分相当于一个全日制工作的做相似工作雇员的同一劳动时间内应得的部分”。

法律规定了雇主针对于雇员和企业或者雇员委员会 (TzBfG 第 § 20 条) 的通知义务。对那些向雇主表现出希望缩短、延长或者转换其合同约定的劳动时间愿望的雇员 (TzBfG 第 § 7 条)，雇主要通知关于相应的要招聘的劳动岗位。雇员代表要在企业里就非全日制劳动进行通告，特别是关于现有的和计划中的非全日制劳动岗位以及关于计划好的从全日制转换到非全日制劳动岗位的措施以及相反的措施。

5.3.4 培训及进修措施

TzBfG 法第 § 10 条要求雇主，使非全日制工作的雇员有机会接受培训及进修的措施，从而确保在职业晋升中全日制和非全日制工作者受到同等对待。

5.3.5 解雇保护

根据 TzBfG 法第 § 11 条雇主不允许由于雇员拒绝从全日制转换到非全日制劳动关系或者相反的情况而解雇雇员。

5.4 临时劳动关系

立法机构没有把临时劳动关系这个概念普遍有效地下定义，只不过在 BGB 法第 § 622 V 条里及 NachwG 法第 § 1 条里的解雇提前通知限期规则包括了相互有异议的概念规定。它有作为有限期的或者无限期的，作为全日制或者非全日制的劳动关系。其特殊性存在如下，即无限期的临时劳动关系或者有限期的临时劳动关系通过可约定的正常解雇可能性使解雇得到简化。解雇提前通知限期可以根据 BGB 法第 § 622 V 条把开始的 3 个月减除。

关于报酬的数目，特别是工资的连续支付和提供休假对于临时工作的雇员与无限期工作的雇员有相同的规定。价值给予的不同是长期禁止的。

5.5 轻微工作

一个劳动关系 的特别形式是所谓的轻微工作。它属于非全日制劳动关系，从而所有对非全日制的劳动指示都适用。轻微工作可以用两种方式协定：根据 SGB IV 法第 § 8 I Nr. 1 条作为低收入工作或者根据 SGB IV 法第 § 8 I Nr. 2 条作为短期工作。在纳税及社会保险权方面存在不同。

对收入从 400 到 800 欧元者立法机构现在为雇员规定了一个社会保险费累进增加的滑动区 (SGB III 第 § 344 IV 条与 SGB VI 第 § 63 X 条)。

5.6 雇员的转让

雇员的转让或者租借劳动被理解为雇员提供的劳动被一个雇主 (出借者) 给予了在其企业的另一个雇主 (借用者)。存在着真实的和不真实的租借劳动关系和有限制的派遣雇员的形式，这些在劳动法中有非常不同地规定。

1. 真实的租借劳动关系存在于下列情况，即当一个雇主只是偶尔地，在一个为了集团公司把雇员少量地出借或者转让雇员并非合同的原始目的时，而是比如转让一台机器。雇员转让法规就不适用于这类情况。

2. 雇员转让出于商业目的即不真实的租借关系是通过雇员转让法(AÜG)来规定的。AÜG包括了有联邦劳动局批准保留权和雇员转让禁止(出借公司)。

在不真实和真实租借劳动关系之间界限是根据出借方与借出方之间的合同内容来划定的。

租借劳动关系

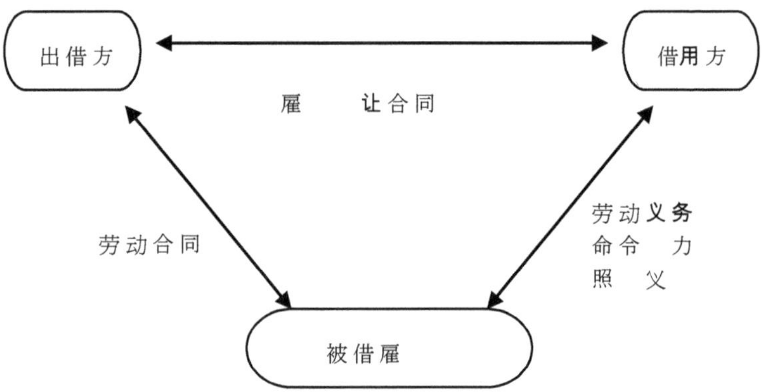

在借用方和租借雇员之间一般不存在合同性的关系。然而被借雇员服从借用者的命令权；反过来对于借用者也有对被借雇员的照顾义务。被借雇员在劳动制度、劳动和事故保护以及岗位设置上要具有与借用方其他雇员相同的安排。

为了保护涉及的雇员，在AÜG里包含了专门的关于租借劳动关系的订立和执行的规定：

- AÜG法第§ 1 I条职业雇员的转让有义务申请许可，只是它在建筑业根据AÜG法第§ 1b条原则上是禁止的；
- 借出者如果没有雇员转让的许可，那么根据AÜG法第§ 9 I条合同无效并且根据AÜG法第§ 10 I条在借用者和租借雇员之间产生了劳动关系；

- 在借出者和被借雇员间的合同无效时，根据AÜG法第§10 II条雇员有要求损失赔偿的权力。
- 借出者和借用者间的合同要求书面形式并且借出者要根据AÜG法第§1条通知借用者关于许可证的情况(AÜG第§12 I条)；
- 如果借出者不交纳规定的税收及社会保险费，那么借用者(如果有的话)要负责任；
- 被借雇员原则上要受到与借用方自己公司相似岗位雇员相同的待遇(“同工同酬”)。

如果借用者在租借劳动结束后计划接收被借雇员为长期劳动关系那么对借出者要维持解约提前通知的限期。合同的附加条款，即那些禁止雇员与借用方转换成劳动合同的条款是无效的(AÜG第§9 Nr. 4条)。

5.7 职业进修关系

职业进修法(BBiG)在BBiG法第§§10到26条统一地针对所有职业及商业分支规定了职业进修关系的合同权。

5.7.1 订立

职业进修关系的建立可以无规格地进行，合同订立后立刻，最迟也要在进修开始前要把合同的大部分内容书面记录(BBiG第§11条)。在达到法定年龄前进修合同的订立要得到法定代理人的同意。只要没有由其形式和目的以及职业进修法产生其他规定，在合同中要使用劳动法有效的法律规定和法律原则(BBiG第§10 II条)。

每个职业进修关系规定了有最短一个月最长四个月的试用期(BBiG第§20条)。进修合同上可以约定，试用期在进修中断长于一个月的情况要适当延长。即使父母承担了这个义务，进修的赔偿付款协定也是无效的(BBiG第§12 II条)。

5.7.2 提供进修者的义务

在这里特别包括达到进修目标必要的培训、免费提供对进修和考试必要的进修物品，工具和材料，支持参加职业学校学习及照顾到性格上的提高和防止道德或身体上的危害(BBiG第§14 I条)。

只有为进修目的服务的并且其身体力量适当的工作才可以被委托给进修者。进修者要为了参加职业学校课程和考试而被免除工作(BBiG 第 § 15 条)。这在当进修在进修学校之外进行时(比如在超企业界限的实习车间，在职业学校课程范围内的的企业参观)也有效。报酬不可以由于参加职业学校课程、考试或者企业外的培训而出现取消。

5.7.3 进修者的义务

进修者要努力获得达到进修目的所必要的技能和知识。他特别有义务认真地执行职业进修范围内被委托的工作，参加根据 BBiG 法第 § 15 条规定的为了进修而被免除劳动的课程(比如职业学校的课程、企业之上的实习车间的课程)，听从在职业进修范围内的 提供进修者或其他有命令权的人的指令，遵守进修场所的规章制度，维护性地使用工具，机器和其他装备并且保守企业和商业的秘密(BBiG 第 § 13 条)。

5.7.4 津贴权

进修者有津贴权，其必须是适当的并且根据进修者年龄，根据进修者职业进修的发展，最少每年一次加薪(BBiG 第 § 17 条)。超出约定的，长期的每天都有的进修时间之外的工作是要有报酬的。

5.7.5 终止

职业进修关系的终止自动地出现于进修时间的期满(BBiG 第 § 21 条)。如果之前进修者已经通过了毕业考试，那么进修结束于考试的通过(BBiG 第 § 21 II 条)。考试没有通过时，进修延长到进修者下一次可能的补考，最长一年。如果进修者职业进修关系结束后继续工作而无相关的明确的协定，那么就被当作建立了不确定时间的劳动关系(BBiG 第 § 24 条)。青少年和进修者的代表以及其他企业劳资法机构的成员在其职业进修终止后根据其书面请求原则上要被雇主作为劳动关系而接受(BetrVG 第 § 78a 条)。

5.7.6 解约

在试用期里职业进修关系的解除而不遵守解约限期是可能的(BBiG 第 § 22 I 条)。试用期后的正常解约就不再可能的了。更重要的是双方只有出于重要理由而不遵守解约限期地非正常地解除合约或者由进修者提前四周提出解约，如果他想要放弃职业进修或者接受另外一种职业进修 (BBiG 第 § 22 II 条)。

职业进修关系解约的概括：

	合同方	限期	物质上法定的前提条件	形式上法定的前提条件
试用期内	双方	无	无	书面的
试用期后	双方	无，但>2 周从证书起	重要原因	书面及给出原因
	只进修方	4周	1. 职业责任 2. 职业转换	书面及给出原因

5.8 远程及住家工作

远程工作是那些在自己选择的或者在一个被雇主/主顾提供的工作场所用电脑设备从事简单的、或专业的受薪工作，通过电子交流工具与雇主/主顾的企业联系在一起的工作。它可以是在服务、劳动或者劳动供货合同的基础上自由地共同工作，作为住家工作或者劳动合同(外部雇员)来执行。

住家工作者是通过住家劳动法(HAG)而受到保护。HAG 法的保护责任针对那些提供住家劳动的人们。责任的每一条在 HAG 法第 §§ 6 ff 条里规定。其包括四个保护范围：

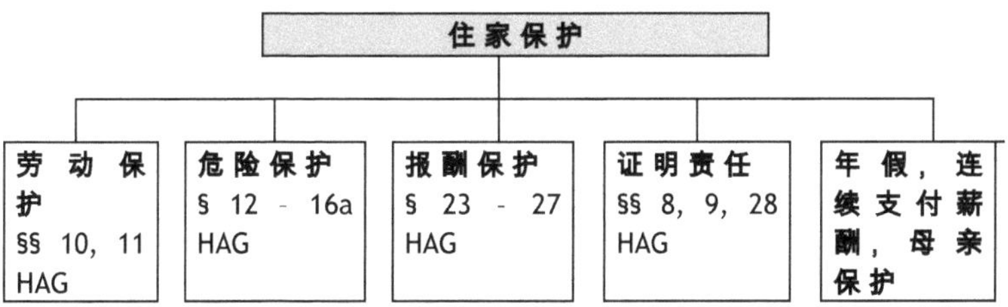

住家雇员也享有解雇保护 (HAG第 § 29 条)。

6 不履行劳动义务情况下的工资支付

劳动合同是一个相互的交换的关系。因此适用“不劳不获”的原则。由于重要的个人及社会性关系使这个原则存在着一些例外。

6.1 个人原因

当雇员无过失地，在相对不多的时间里由于一个与自身有关的原因劳动受阻时，则仍然有资格获得工资(BGB 第 § 616 条)。

例子：
生产或者家属的死亡，
直系家属的严重疾病，
自己的婚礼，

这个原则也可能通过劳动合同导致对雇员的不利。

比如由于下列情况而造成的劳动受阻不存在获得报酬的资格。

- 糟糕的气候状态，
- 公共交通的取消。

6.2 病假工资的继续支付

在一个劳动关系开始的四个星期里，雇员在无劳动能力时享受病假补助(SGB V 第 §§ 44 I, 49 I Nr. 1 条)。在这之后适用工资支付法(EFZG)，根据这个法规，对劳动者和雇员以及为职业培训而工作的人有了一个统一的工资支付的规定。根据其规则，所有属于企业长于四周的雇员在无劳动能力时有资格获得正常工作时间应得的劳动报酬(EFZG 第 § 3 条)。为加班而支付的劳动报酬不在其范围(EFZG 第 § 4 条)。

雇员在生病时对有资格获得工资支付的前提是，雇员

- 无劳动能力并且
- 劳动受阻
- 由于生病；

- 不是他的过失造成。

在长达六周的时间里存在着获得工资支付的资格 (EFZG 第 § 3 I 条) 并且在每次再生病时又从头开始计。

无劳动能力在下列情况存在，即当雇员根据医生证明没有能力或者有导致其健康状况变遭的风险情况下提供劳动时。

无劳动能力以及其预期的持续时间要立刻通知雇主；当无劳动能力持续的时间长于三天时，最迟要在无劳动能力的第四个工作日提交医生的证明 (EFZG 第 § 5 条)。然而雇主有资格要求提早出示无劳动能力的证明。如果无劳动能力持续的时间长于第一封证明说明的时间，那么雇员必须上交一 个新的无劳动能力证明。

雇员如果没有上交无劳动能力证明，那么雇主可以拒绝支付工资 (EFZG 第 § 7 条)。在雇员迟交证明时而证明从无劳动能力开始就有效的情况下，要追付工资。

如果雇主对雇员的无劳动能力有理由的质疑，他可以通知医保公司。它则有义务让医疗服务机构对无劳动能力的情况进行复查 (SGB V 第 § 275 I 条)。

如果无劳动能力由于第三方失误造成 (比如交通事故) 并且雇员因此针对第 三方有要求补偿资格，那么雇员对雇主具有的权力只在下列情况就不予考虑，即由此带来了工资支付包括社会保险金 (EFZG 第 § 6 I 条)。

6.3 疗养措施

雇员在医疗护理及身体恢复 (疗养) 期间有资格获得工资支付。这根据对他来说是正常时劳动时间的工资并持续最长到六周 (EFZG 第 § 9 条)。

支付工资的前提是，由社会保险公司准予的措施，医生开处方建议的住院治疗并且这要在医疗护理或恢复或者类似的机构执行的措施。

雇员如果在疗养后不能工作，那么有获得支付工资的资格。雇主还必须根据雇员要求在疗养后追加休养假期 (BUrlG 第 § 7 条)。

6.4 公共假期薪酬

法定公共假期原则上不存在劳动义务(ArbZG 第 § 9 条)。公共假期由州及联邦法律规定。在所有州都通用的法定公共假期是：新年、耶稣受难节、感恩节、5 月 1 日、升天节、10 月 3 日、第 1 和第 2 个耶稣圣诞日。

对于在工作日出现的法定公共假期并且在这个日子雇员本来通过劳动可以获得工资的，要支付工资 (EFZG 第 § 2 条)。其前提是，公共假期是缺勤的唯一理由。当有下列情况时不考虑支付工资，即

- 雇员得到病假津贴,
- 在法定公共假期之前和/或之后的无理由的缺勤日 (EFZG 第 § 2 III 条)，
- (对非全日制工作者)本来在这一天就不工作的。

当雇员在这个公共假日象在正常工作日那样工作时，雇员获得报酬是天经地义地，这意味着，正常的报酬或者上个月的平均工资(计件劳动)。长期加班也被计算在内，长期佣金等也是。在减少工时劳动时，在公共假期时间范围对公共假期也只按照减少工时支付工资(EFZG 第 § 2 II 条)。

在公共假期提供的劳动要支付通常的报酬及额外的假期津贴。如果没有劳资协议或企业规定，那么就规定把当地或者行业惯例的附加费作为协定(通常 50–100%)。

在教会的节假日(对外国雇员也包括非基督教的宗教节日)，雇主要在雇员的申请下由于宗教活动免除他的劳动(比如参加弥撒)；但无权请求支付工资。

6.5 年假

每个雇员根据联邦法律在每一日历年都有获得带薪年假的资格(BUrlG 第 § 1 条)。

获得年假的资格不可以被放弃，扣除或者继承；用其抵帐是不允许的。原则上直到休假年 (日历年)的年末都有休假的权利。由于紧急的企业或者雇员个人原因而把假期带到下一年是可能的；休假权则继续存在直到3 月 31

日。如果直到那时还没有享用假期，则失效(BUrlG 第 § 7 III 条)。

法定假期时间的最下线为 24 个工作日 (BUrlG 第 § 3 I 条)。常规上假期还要更长。它的产生

- 由于法律给个别雇员群体规定的：比如严重残疾人 (SGB IX 第 § 125 条)，青少年 (JArbSchG 第 § 19 条)；
- 由于劳资协议的或者单个合同的协定。劳资协议在这里具有重大意义。

所有不是周日或者法定公共假日的日历日都作为工作日生效，还有原则上不工作的周六。24 个工作日相当于 4 周的假期。

在工作长达六个月的等待时间后就享有了对这一日历年的完全的休假权 (BUrlG 第 § 4 条)。如果在一个日历年里等待时间没满，那么这一年的假期要满足 每个工作月有年假的 1/12。

休假时的津贴即是在休假全程支付的雇员的工资，但不予考虑加班费(BUrlG 第 § 11 I 条)。

雇主可以确定休假的状况。然而他也得考虑雇员的利益 (BUrlG 第 § 7 I 条)。企业委员会有共同决定权 (BetrVG 第 § 87 I Nr. 5 条)。如果雇员把休假愿望登记在休假单上，如果雇主对这一状况不赞同时，那么他必须在一个适当的期限提前提出反对。如果雇主对一个已经协定好的休假约期提出反对，那么虽然雇员可以不予以利用，但是雇主还是要偿还由此产生的或者将产生的费用。

雇主可以对全部或者大多数雇员的企业假期进行安排并且在此期间歇业。然而他也得考虑雇员的愿望并且企业委员会对企业假期的确定有共同决定权 (BetrVG 第 § 87 I Nr. 5 条)。

雇员不可以这样行使其要求休假的权力，即无雇主的许可就休假。确切地说他将受到企业委员会的指责或者可能面对劳动法庭的控告。

有医生证明的病假在年假期间将不被计算成休假。疗养也同样不被计算成休假 (BUrlG 第 § 9 条)。

6.6 进修期间的假期

在大多数联邦州，其自己的法律规定了进修期间的假期。进修者进行的，并且州管理处认为是适当的并予以承认的职业或者政治的进修是优先的。在每周五个工作日的基础上，雇员按照惯例在两个连续的日历年有十个工作日的进修假期。

6.7 母亲保护 / 父母时间

准母亲从怀孕开始就不允许从事重体力劳动以及类似这种显示出损伤性作用的工作(MuSchG 第 § 4 I 条)。此外下列情况下禁止工作，即只要根据医生证明母亲或孩子的生命或者健康在继续工作中会受到危害时(MuSchG 第 § 3 I 条)。

分娩前的最后6周根本不允许母亲工作，除非她明确地表明愿意劳动时(MuSchG 第 § 3 II 条)。母亲在孩子出生后直到第8周为止，早产或多胞胎生产直到第12周为止，即使她们自己赞同也不允许工作(MuSchG 第 § 6 I 条)。

女性雇员根据MuSchG 法第 § 11 条在禁止工作期间享受迄今为止的最后13周的平均工资或者从孕期开始的月份算起之前的最后3个月的平均工资。可能的缩短工时工作或者其他的劳动取消情况不在考虑范围之内。女性雇员在保护期内从分娩之前6周以及之后8 - 12周享有所谓的产妇津贴。

联邦父母津贴以及父母时间法从不同的法律领域规定了两个款项配套：第一个是社会法律的章节涉及抚养津贴(BEEG 第 §§ 1–14 条)；在第二章节包含了BEEG 对父母时间的劳动法律的规定(BEEG 第 §§ 15–21 条)。

联邦父母津贴及父母时间法给雇员提供了直到孩子出生的第三年结束由他们自己护理及教育的父母时间(BEEG 第 § 15 条)。父母时间可以全部或者部分由父母双方一起享有。在雇主赞同的情况下一年的父母时间调换到孩子的第 4个和第8个生日之间的时间是可能的(比如在上学的第一年内)。

父母时间的提前通报限期总计为分娩后即刻或者母亲保护期6周之后并且在其他情况下8周(BEEG 第 § 16 I 条)。由父母单一方或者共同享有的父母时间总共可以被分配到四个时间段。

在父母时间里许可的非全日制劳动总计30小时每周。共同的父母时间因此可以是总共60小时 (BEEG 第§ 15 IV § 15 IV条)。在多于15个工作者的企业并且在某些有前提下有权要求在父母时间期内减少劳动时间 (在每周15到30小时范围内)。这个资格在下列情况下不存在，即当企业有重大的与之对立的理由时。最后教育津贴法计划对雇主在父母时间要另外雇用帮工性质的雇员时提供方便 (BEEG 第 § 21 条)。教养津贴的经济负担不涉及雇主。教养津贴的费用主要由联邦承担 (BEEG 第 § 11 条)。

父母时间里雇员享有解雇保护 (BEEG 第 § 18 条)。

6.8 子女生病

由于护理病儿而使雇员受阻是 BGB 法第 § 616 I 条的子案例。此外雇员在子女生病时有资格要求免除工作并享有病假津贴 (SGB V 第 § 45条)。

免除工作资格的前提是：

- 根据医生的证明对病儿的看管，照顾或者护理是必须的，
- 其他共同生活的人员无法看管孩子并且
- 孩子出生还没满12岁。

对每个孩子在每一日历年的获得资格有最长10个工作日，独自抚养者最长20个工作日。它被限定在每年总计25个或50个工作日。

所有雇员都有权要求无薪的休假，即使当他们没有要求病假津贴的权力时 (SGB V 第 § 45 V 条)。

6.9 护理近亲

护理时间法规给工作者开辟了可能性，给需要护理的近亲在家庭环境下提供护理从而使职业及家 庭护理的可协调 性得到优化。

护理时间规则以两个支柱为基础：

在突发的护理情况下，工作者有权离职长达10个工作日，从而为近亲安排其需要应得的护理或者确保所涉及亲属的刻不容缓的护理服务 (PflegeZG 第 § 2 条)。

为了在家庭环境下长期的护理近亲，工作者可以要求长达6个月的护理时间。这里工作者可以选择全部或者部分时间离职。对于正常情况下只有15个或更少雇员的雇主不存在要求护理时间的权力(PflegeZG第§3条)。

在护理时间内必要的社会保险规定的保险得到了保证。

7 劳动关系的责任

劳动法的责任问题要区分是雇主违反了他的义务还是雇员以及是否涉及了物品或人员的损失。

7.1 违反雇员义务

雇员没有或者不足够地履行劳动合同规定的义务，可能导致三个法律后果：

- 降低工资，
- 解雇，
- 赔偿。

7.1.1 对雇主的责任

雇员原则上对他在从事业务上的活动时使雇主遭受的损失有责任 (BGB 第 §§ 280 I, 241 II 条 - 财务受损 BGB 第 § 823 I 条)。然而雇员的赔偿责任是有限制的，从而确保雇员不会有破产性的负债。所以轻微失职免除责任，中等失职他要与雇主分担责任(比率根据失误程度以及职业的危险程度)而严重的失误或者说蓄意时他负全责。然而严重失职时的全部责任又受到限制，即当报酬和损害风险处于明显的不成比例的情况时(例子：机动车没有机动车保险)。

雇员的责任		
涉及雇员	→	**法律后果**
无罪轻微失职	→	雇员无责任
失职 (一般过失)	→	实行损失分担，比例与个案的情况对应
重大失职	→	雇员负全责 (有例外)
蓄意破坏	→	雇员负全责

此外赔偿要求可通过雇主的共同失误而被降低 (BGB 第 § 254 条)。

雇主共同失误的例子
- 没有给予必要的指导
- 没有执行必要的监控
- 提供的劳动工具不完善
- 对雇员的能力过分苛求

对雇员的过失提供证据的责任就被施加给了雇主(BGB 第 § 619 a 条)。

7.1.2 对第三方的责任

当进行劳动时出现了对第三方的损害(比如客户)，根据一般责任赔偿法的原则，雇员负有责任。然而雇员对其雇主原则上有减免赔偿要求到一定程度的权力，在这个程度，对雇主造成损害的责任被判减少。

雇员对同事造成的肢体伤害时只在下列情况负责，即当他蓄意导致了劳动事故或劳动事故发生在参与了公共交通时。他对同事的损伤原则上负全责。雇员在业务活动中根据其过失程度对雇主有资格要求减免。

7.1.3 亏损责任

雇员根据BGB法第 § 280 I 条(对义务的损害赔偿)要对亏损(= 收款处或店铺发生的数量短缺)或者说对不允许的行为(BGB 第 §§ 823 ff 条)负责。但雇主对雇员的义务损害、发生损失以及雇员的过失负有解释及提供证据的责任。

雇员在有合同亏损责任约定时不管有没有过失都要对数量短缺负有责任。这类规则只在下列情况是法律许可的，即亏损责任津贴被支付给了雇员并且雇员的责任被限定在支付的亏损责任津贴的数目内。此外他必须有机会，由于注意而得到盈余款。

7.2 违反雇主义务

如果雇主违反其义务，雇员可以根据个案的情况

- 收回他的劳动成果，
- 非正常解除劳动合同，
- 要求履行义务，

- 有获得赔偿及慰藉金的资格。

对于由于工伤事故而造成的身体伤害，不管是雇主还是雇员的过失，事故保险就会介入(SGB VII 第 §§ 7, 8 条)。只有当雇主蓄意导致了工伤事故或者劳动事故发生在参与了公共交通时，雇主自己负有责任(SGB VII 第 § 104 条)。物品受损时 雇主对蓄意和失职以及对其雇员的过失负有责任。

事故保险者的赔偿：
只要劳动事故由于蓄意或者严重疏忽大意导致，SGB VII 法第 § 110 条规定对由此造成的人身伤害有请求赔偿的权力。它包括了社会保险的受保者由于劳动事故引起的所有必要的费用。

如果雇主或者人员由于履行义务伤害了雇员的身体、健康、自由或者使之受到歧视，那么其对于停止、损失补偿、慰藉金及收回的请求权就可以提出(也在 AGG 第 § 15 条)。

8 履行障碍

履行障碍总是在下列情况存在，即当劳动合同要求的主要及附属义务没有或者没有正确地由劳动合同的一方或者双方履行。

8.1 不可能性

提供劳动是固定责任，也就是说原则上其总是在一个固定的时间被提供。当这个时间没能被遵守，劳动被取消而且法律上不能追补。那么提供劳动就成为了不可能，雇主相应的对雇员劳动的请求权根据BGB法第§611 I gem. §275 I条就消失了。

如果雇员提供了不可能性，比如当他通宵狂欢后没有来工作，他也就失去了要求相应比例的回报的权力(BGB第§326 I条)。雇主可以相应减少其报酬。雇主对没有提供劳动而形成的损失有资格要求补偿(BGB第§§283, 280 I条)。在劳动法中不考虑在不可能性的情况下存在的解除合同权(BGB第§326 V条)，否则将使得解雇限期权无效。

如果劳动的不可能性在合同结束时已经产生了，那么雇主或者雇员可以根据其选择要求赔偿来代替劳动或者补偿支出，除非过错方不了解不可能性并且也没有表示他的无知(BGB第§311a条)。

如果雇主提供了不可能性，比如他没有提供必要的劳动材料，雇员则保留回报的权力(BGB第§326 II条)。

然而对于这个要求权他必须考虑，由于他没有劳动而节省的或者通过其他方式使用他的劳力而获得或为了获得而故意搁置的(BGB第§326 II条)。

如果不可能性既不是雇员也不是雇主提供的(比如厂房损坏，断电)，那么雇员不会失去根据BGB法第§326 I条规定要求工资的权力，BGB法第§615条规定了，当雇主承担了劳动事故的风险时，报酬也要象延迟接收一样支付。

当不可能性是由于企业故障，这个雇主组织和领导的企业并且从在企业里作出的劳动得到收益，从企业风险的角度(BGB第§615 S. 3条)，雇员原则上保留要求工资的权力。这个原则有两个例外：

1. 支付全部工资将会危胁到企业的存在;
2. 故障是归咎于雇员的范围。

最后是下列情况，即当由于送货企业的罢工使在送货企业进行劳动成为不可能或者经济上不能承受时，并且当所涉及的两个企业属于的主管组织是相同的或者组织上有紧密地联系的。

与企业风险相同情况的是所谓的经济风险。意思是指那些在销售不足或者订单减少范围内的情况。劳动虽然还是可能的，但是经济上不再有意义。即使在经济风险的情况下企业原则上也有支付工资的义务。

8.2 延迟

当合同一方的履行责任有拖欠时，就有了延迟。其区分为接收延迟(贷方延迟)及借方延迟(劳动延迟)。

当借方在提交时间到期后贷方即刻进行的提醒下有过错地没有提供，借方延迟就存在了(BGB 第 §§ 284, 285 ff. 条)。在按照日历确定劳动的情况下提醒不是必要的。

例子:
当其在约定的或者企业惯常的发薪日没有清偿工资时，雇主在无提醒情况下也处于借方延迟。他要补偿对雇员由此产生的损害并且要为在延迟期间的欠款偿付利息(BGB 第 §§ 286, 288条)。

雇员的借方延迟在有过失地不履行劳动时产生了，即他根本不开始劳动或者之后出现违约。延迟使他有赔偿的责任并且可能使雇主有权无提前通知限期地解雇。雇主将有权拒绝支付工资(BGB 第 § 320 条) 。他也可以对执行将来的服务推出投诉。

在下列情况下雇主有贷方延迟(BGB 第 § 293 条)

- 不接受雇员提供的劳动(就象在劳动合同上对其规定的责任那样)，
- 不做必要的参与行动，致使雇员劳动不能执行(比如没有提供必要的技术设备)或者
- 不做对劳动的必要回报，尽管约定了合同方的分步骤回报(比如协定的对工资的预支)。

贷方延迟的前提是

- 存在着可执行的劳动合同，
- 雇员确实提供了劳动并且
- 劳动确实是可能的(否则企业风险)。

在这些情况下，雇主针对雇员获得劳动的资格根据BGB法第§611 I BGB gem. §615条无效。雇主要继续支付薪酬。对获得工资的资格雇员得让人顾及到由于服务的停止而节省的或者其他途径获得或故意不做而获得的(BGB第§615条)。

当雇主重新要求雇员劳动或者说执行其必要的参与责任时，就消除了贷方延迟。

9 缩短工时工作/冬季津贴

附带削减工资的缩短工时工作，比如当缺乏订单时，雇主不可以单方面地安排。一般地只有在企业协定或者劳资协议对缩短工时工作的容许性被约定或者雇员同意时，附带削减工资的缩短工时工作才可以实行。如果缩短工时工作通知了劳动局并且满足了先决条件，那么联邦劳动局支付削减的工时部分，数目取决于是否税单证明有无子女数额，税后劳动收入的67%或者60% (SGB III 第§§ 169 ff条)。

如果不存在单方面施行削减工资的缩短工时工作许可，对雇主只剩下变更解约的可能。这个可以在法律上就其社会不公平性而被审查。

建筑行业的企业在由于气候造成停工时，联邦劳动局在恶劣天气时支付从第101个气候造成停工工时起的(11月1日到3月31日)冬季津贴(SGB III 第§§ 209 ff. 条)。

为此下列规定适用：

- 雇员为第1到第30个停工工时使用其在好天气时积累的劳动结余，这样他在这个时间继续获得一般有上税及支付社会保险义务的满薪酬。
- 劳动局从建筑业雇主资助的冬季建筑征收款里为第31到第100个停工工时支付冬季津贴，相当于失业救济金的数目，即前一次满薪酬税后净收入的60个百分点，对已婚有子女的是67个百分点。雇主支付所缺工资的80个百分点基础上的社会保险金款项。款项由劳动局从冬季建筑征收款的资金里全数返还给雇主。
- 从第101个停工工时起劳动局用失业保险的资金支付相当于失业救济金金额的冬季津贴。雇主支付缺少工资的百分之八十的社会保险金款项，之后的退休金也从中被计算进去。这个款项不会被返还给他。

10 新发明及技术性改良建议

新发明及技术性改良建议的权力在雇员发明法(ArbnErfG)里面有规定。对此应该在作为发明者的雇员及雇主之间的利益建立平衡。

10.1 新发明

新发明是一个雇员创造性的劳动，从德国专利法或者根据德国实用样品法的角度它被看作是有申请专利价值的或者有申请实用样品价值的(ArbnErfG 第 § 2 条)。

根据 ArbnErfG 法第 § 5 I 条，雇员在工作上的新发明完成之后要即刻书面通知雇主。雇主可以无限制地或者有限制地接纳新发明或放弃(ArbnErfG 第 § 6 I 条)。如果在一个 4 个月的有限期内没有进行接纳，新发明就不受限制(ArbnErfG 第 § 6 II 条)。

如果雇主接纳了工作上的新发明，雇员获得报酬的资格就产生了。这既适用于无限制接纳(ArbnErfG 第 § 9 I 条)也适用于有限制接纳(ArbnErfG 第 § 10 I 条)。雇主和雇员在无限制接纳时应该根据 ArbnErfG 法第 § 12 I 条在一个适当的限期里约定报酬。

10.2 技术性改良建议

雇员的改良建议是技术上的革新，它没有专利或者实用样品性(ArbnErfG 第 § 3 条)。如果雇员由于其劳动合同有责任作出技术上的改良性建议，那么雇主有权力无限制的获得。如果它涉及了高水平的改良性建议，即那些象工商业保护法一样为雇主提供了相似优惠的，(ArbnErfG 第 § 20 I 条)，雇主一旦使用了这个改良建议，就要支付雇员相应的报酬。

11 企业继受/公司转型

11.1 企业继受

企业继受存在于下列情况，即当现有的企业所有人其企业或者企业的一部分通过法律行为转给另一个企业所有人时(BGB 第 § 613a I 条)。下列情况已经是这种状况了，当继受者把事实的及无形的生产手段在一个这样的范围里接收，即企业可以用它被独立地继续运营。

新的企业所有人根据BGB法第gem. § 613a条开始具有在交接时就存在的劳动关系所赋予的权力和义务。

BGB法第§ 613a条在劳动法上对于维持雇员到目前为止从工作上获得的，在从属于企业期间建立起来的权力有特别意义。

例子：

- 解雇限期
- 解雇保护
- 劳资协议的分组别
- 年假
- 圣诞津贴
- 养老金

当前的雇主根据劳资协议或者企业协定的权力和义务原则上不可以在一年内在企业继受之后被改变成对雇员不利的情况。只有当新公司存在有企业协定或在相同规定对象的劳资协议时才有例外。
因为企业继受而解除劳动关系不论是通过前雇主还是新雇主都是无效的。由于其他原因的解雇权保持不变(BGB 第 § 613a IV 条)。

企业继受之前要用文本形式把企业继受的细节通知雇员(BGB 第 § 613a V 条)，也就是关于时间、计划交接的时间、继受的原因、继受对雇员法律上、经济上和社会上的后果以及涉及雇员的计划好的活动。如果他不赞同改变，那么他可以在一个月内以书面形式反对(BGB 第 § 613a VI 条)。雇员继续保持现任雇主的雇员；劳动关系并不转到购买方，而是工作岗位。一个这类的反对只在下列情况有意义，即雇员明白，当前的雇主有适当的职位空缺提供时。否则雇主可以按照经营情况解约。

11.2 转型

在转型法(UmwG)里概括并系统化了由公司进行的公共法律上改组的权力。这里列出了这种与公共法律关系有关的改变。

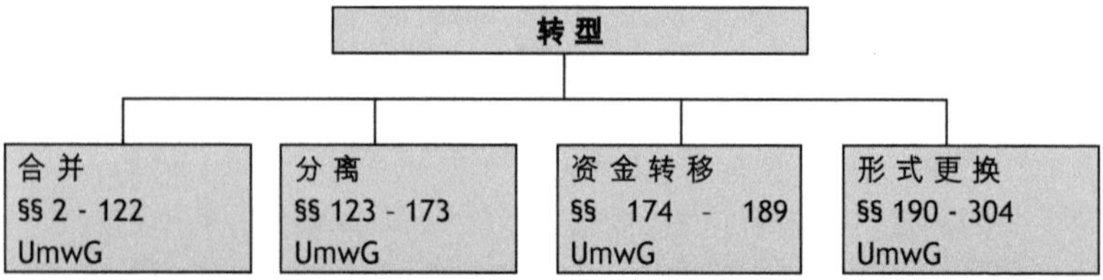

UmwG 法第 § 323 I 条确定了，一个雇员在分离或部分转型前对于交接法人在劳动关系中存在的解约条件，不得由于分离或者部分转移在从生效之时起的两年内而降低。例子：

一个有多于 5 个雇员的公司在转型后只有少于 5 个雇员。雇员继续享受两年时间的对 KSchG 的应用和保护。

UmwG 法第 Gem. § 322 II 条对下列企业适用，即参与分离或者参与部分转移的法人在转型程序后共同经营的，从 KSchG 的意义上讲作为共同企业。因此这类雇员也享受 KSchG 的保护，只要工作人员的总数超过 KSchG 第 § 23 I 条的界限值的。

12 破产

通用的劳动法在雇主破产时也继续生效。破产程序的启动对劳动关系没有影响。破产管理人处于雇主的地位。

追讨拖欠的工资从InsO法第§38条的角度是简单的破产追讨。这将通过支付启动破产程序前的最后3个月的破产金来补偿，即使当它涉及要最终进行重组的破产时(SGB III第§§ 183 ff条)，也要支付。

InsO法第Gem. § 113条，劳动关系可以由破产管理人和由雇员来声明解除。如果雇员还没有开始他的工作，根据InsO第gem. § 103条，破产管理人有选择权，他是否要选择劳动合同的执行或者不接受雇员的服务。对执行中劳动关系原则上适用通用的解雇保护。只是破产程序的启动不构成由企业造成的解约。

从解雇限期方面讲是容易了。InsO法第Gem. § 113 I条规定了，当没有更短限期的标准时，解雇限期总数为到月终的三个月。另一方有资格在缩短解雇限期范围的解约情况下，要求补偿他由于解除劳动关系而产生的损害。这个获得赔偿的资格要作为赔偿追讨而生效。

当一个更长的限期被约定时，企业协定可以在三个月限期后被解除(InsO第§ 120条)。

如果破产管理人执行企业变更，他可以根据InsO法第gem. § 122条征求劳动法院批准其执行企业变更，而不经历根据BetrVG法第§ 112条的程序。根据InsO法第§ 122条，如果劳动法院给予企业变更的批准，那么BetrVG法第§ 113 III条就不再适用。雇员获得损失补偿的资格就被排除。

13 劳动关系的结束

除了解雇劳动关系可以出于很多其他原因而结束。另外一方面与特殊合同法不同的有很多案情，它们没有带来劳动关系结束。他们是：

无结束事实：	**原因：**
雇主的解约保留条件	绕过 KSchG
企业继受	BGB 法第 gem. § 613a 条权力的转让
业务基础的取消	原则上需要解雇限期通知
兵役或替代性服役通知	ArbPlSchG 法第 § 1 条
劳工斗争	只停职
雇主死亡	权力继承
破产	必要的解雇限期通知，InsO 法 § 113 条

根据 SGB III 法第 § 2 II 条，雇主应该在结束劳动关系前通知雇员关于其寻找另一份工作时自己行动的必要性以及提前到劳动局登记的义务 (SGB III 第 § 37b 条)。

下列情况被作为无解约的结束事实来考虑：

13.1 有缺陷的劳动合同

一份劳动合同出于不同的原因可能在法律上是有缺陷的。结果要么是无效，也就是从开始就存在合同的无效性，要么就是有争议性的，也就是把合同修正为一方相应的异议澄清，然后当然也有追溯效力的权力。总之对于劳动被执行的这段时间，作为“事实上的”(实际的) 劳动关系而生效，它必须就像对无缺陷劳动关系那样来被处理。

有缺陷的劳动合同

无效性

原因：

- 无经营能力，BGB 法条 § 105
- 有限的无经营能力，BGB 法 §§ 106 ff. 条
- 缺乏代理权，BGB 法 § 177 条
- 形式缺陷，BGB 法 § 125 条
- 压低工资，BGB 法 § 138 II 条
- 违反习惯，BGB 法 § 138 I 条
- 违反法律禁止条例，BGB 法 § 134 条

有争议性

原因：

- 疏忽，
- 恐吓，
- 恶意欺骗 (BGB 法第 (§§ 119, 120, 123条)

13.2 雇员的死亡

雇员的死亡结束了劳动关系 (BGB 第 § 613 条)。在雇主死亡的情况只有当雇主是一个自然人时，才结束劳动关系。

13.3 限期

有限期的劳动合同 (根据时间的劳动合同) 在协定时间期满时结束而无需解雇限期通知 (TzBfG 第 § 15 条)。有限期劳动合同的时间可以通过约期或者劳动的用途而被确定。

13.4 年龄限制

到达法定年龄限制不意味着劳动关系的自动结束。一个劳动关系只有在到达法定退休年龄或领取退休金年龄时才可以没有解雇限期通知而结束，当其在劳资协议、企业协定或劳动合同中相应地被确定了 (SGB VI 法第 vgl. § 41 条)。

13.5 解约判决

如果解约无效，但是由于各方的争端而使共同工作成为不可能，在一方提出申请时存在通过判决支付赔偿费并通过雇主来结束劳动关系的可能性(KSchG 第 § 9 条)。赔偿费的数额根据年龄及对企业从属性总计可高达18个月的工资(KSchG 第 § 10 条)。

13.6 解约合同

劳动关系可以随时通过书面合同而被解除。于是解约规定既不起作用而企业委员会的共同参与权也不起作用。即使是孕妇、严重残疾者及企业委员会成员也都可以订立解约合同。解约合同可能由于对内容的忽视、非法的恐吓或者恶意欺骗而受到质疑。

根据 BGB 法第 § 623 条解约合同需要书面形式才生效。如果不遵循书面形式，那么解约合同就无效(BGB 第 § 125 条)。劳动关系则继续存在。雇员要弄明白解约合同造成的所得税及社会保险的法律后果。

各方可以就解约合同相关的补偿金进行协商。这里不存在法定的获得资格。

当雇员由于劳动关系的结束得到补偿或者要求有索赔权并且得到报酬时，失业救济金的获得资格就暂时失效。当劳动关系没有遵守正常解约限期而被结束时(SGB III 第 § 143a 条)，就是这样。失业救济金获得资格的暂时失效适用于不遵守解约限期的时间里，最长一年。失效期可以根据补偿金的数额及法定的免税金额缩短。当雇员无重大理由而解除雇佣关系(SGB III 第 § 144 条)时，那么就出现为期十二周的无失业救济金支付的禁止时间。

13.7 退休前的非全日制工作时间

根据退休前的非全日制工作时间(ATG)第 § 1 条，那些满55周岁的雇员通过退休前的非全日制工作时间实现从工作生活到退休的平滑过渡。联邦劳动局有条件地(由一个失业者或一个职业培训结束后的雇员再次占用其劳动岗位最少4年)资助这些措施最长六年并有相应加注津贴。

ATG 没有给出获得退休前非全日制工作时间的资格。它更需要单个合同的约定或者规定了这个资格的劳资协议。

涉及退休前的非全日制工作时间的重要劳动法规包括在ATG法第§8条，特别是针对可能采纳退休前非全日制工作时间的解雇禁止(ATG第§8 I条)。ATG法的限期是到2009年12月31日。

14 解约

解约是劳动合同中一方要结束劳动关系的声明。原则上不仅雇主而且雇员都有资格解约；而且对双方都适用契约关系的权力准则。通过解雇保护法(KSchG)对于雇员存在有解雇保护，企业委员会/发言人的旁听及反对权(BetrVG第§102条；SprAuG第§31 II条)以及针对特殊群体的解雇保护规定。解约作为一个单方面的意志表示有下列影响：

- 无法定代理人同意的未成年人的解约是无效的(BGB第§111条)；
- 解约需要代理权(BGB第§180 I条)，事后追加的许可只在下列情况是可能的，即当接到解约通知的人对宣称的代理权不提出质疑时；
- 由委托人声明的解约在下列情况是无效的，即当它被接到解约通知的人即刻驳回时并且委托人没有呈交委托书时(BGB第§174条)。当委托人在企业中占有通常与解约法相关联的位置时，驳回是不可能的。

14.1 收到解约通知

收到解约通知是解约生效的前提条件以及解约限期的开始。它不需要被另一方接受了才能生效。由接收人收到解约通知是当解约声明到达了在接收人的权力范围，其要在正常的场合下获悉。

解约不能单方面被收回。收回只在收到解约通知前是可能的。收到解约通知后必须接收人声明同意收回，否则劳动关系就被结束了。

14.2 解约的内容和形式

解约必须以书面形式实现(BGB第§623条)。它必须是明确的和毫不含糊的。模糊不清只能给解约造成麻烦。如果没有明确给出劳动关系应该结束的时间，那么将以正常解约的下一个可能的约期为准。

解约理由的陈述在正常解约情况下没有规定，并且对在非正常解约也只在有要求时才有规定(BGB第§626 II条)。

例外：

1. 当通过劳资协议、企业协定或者单个合同约定了时；
2. 当培训关系被解除了时 (BBiG 第 § 22 III 条)。

解约理由的事后呈报原则上是允许地，即当理由在呈交声明时已经提交了。只要企业委员会存在，那么那些企业委员会没有按规定被倾听到的理由就不可以事后呈报 (BetrVG 第 § 102 条)。

解约可能由于违背了法律禁止或是伤风败俗而无效 (比如 BGB 第 §§ 125, 138 条)。

14.3 企业委员会 / 代表委员会的共同决定

当企业委员会 / 代表委员会在解约前没有就呈交理由时而被通知，那么这就无效 (BetrVG 第 § 102 I 条；SprAuG 第 § 31 II 条)。企业委员会 / 代表委员会可以在 3 天内对非正常解约提出质疑。在正常解约情况下企业委员会可以在一周内表明质疑 (BetrV 第 § 102 II G 条) 或者书面反对 (BetrVG 第 § 102 III 条)，当

- 企业委员会对那些雇主在社会性选择时没有足够重视到的社会性原因有反对意见时，
- 解约与与企业委员会协定的指导方针相矛盾时，
- 要被解雇的雇员在企业或者公司里的其他工作岗位可以被继续雇佣时，
- 在合理的培训措施或改变了合同条款之后可以继续雇佣时。

提出解雇并且雇员及时提交了解雇保护起诉时，当没有对雇主导致不合理的负担时，那么雇员要继续工作到解雇保护程序的结束 (BetrVG 第 § 102 V 条)。

14.4 正常解约

单方面结束一个无限期的劳动关系的惯例是正常的，按照规定限期的解约 (BGB 第 § 622 条)。一个这样的解约在从事工作前就已经是许可的。正常解约的权力可以通过劳资协议或单个协定被排除而在一个企业协定里只有当没有劳资协议的解约限制存在时。

正常的解约对于有限期的劳动合同在下列情况是被排除的，即当它没有在劳动合同中明确地约定(TzBfG 第 § 15 III 条)。

雇员可以在没有客观理由情况下解约。雇主的解约根据 KSchG 法必须是在社会性方面完全合理的(KSchG 第 § 1 条)。

正常解约可以附带有一个四到第十五周的提前限期而实施或到一个日历月的结束(BGB 第 § 622 I 条)。在试用期内(最长六个月)的解约限期总计最少两周(BGB 第 § 622 III 条)。

对于解约限期的计算适用 BGB 法第 §§ 186 ff. 条。在这里根据 BGB 法第 gem. § 187 I 条涉及一个事件的截止限期。如果没有遵守解约限期，那么一般解约还是有效，这里它在一个解约通知里可以解释为到下一个可能的约期(BGB 第 § 140 条)。

对于为期更长的劳动关系，解约限期为雇主延长到(BGB 第 § 622 II 条)：

劳动关系的持续时间	解约通知限期
2 年	到月底 1 个月
5 年	到月底 2 个月
8 年	到月底 3 个月
10 年	到月底 4 个月
12 年	到月底 5 个月
15 年	到月底 6 个月
20 年	到月底 7 个月
工龄的计算不考虑满 25 周岁之前的时间。	

在劳资协议里被约定的限期既可以长些也可以短些(BGB 第 § 622 IV 条)。在单个合同里原则上只可以约定更长的解约限期；更短的解约限期只限对下列例外(BGB 第 § 622 V 条)：

- 对临时帮工，当劳动关系的为期没有超过三个月时；
- 在不多于二十个雇员的企业(在这里不考虑学员，定期的周劳动时间不超过 20 小时的非全日制劳力被考虑为 0,5 个，不超过 30 小时的被考虑为 0,75 个)。解约通知限期总计四周而无固定解约通知约期。

对于雇员的解约通知不允许起用比雇主的解约通知更长的限期(BGB 第 § 622 VI 条)。

14.5 非正常解约

当有一个理由使得劳动关系的继续让合同的一方难以接受时，就考虑非正常解约(BGB 第 § 626 条)。非正常解约必须是解约者不可避免的最后措施，也就是所有温和的办法(比如调任，变更解约，正常解约)必须都试用过了。

与正常解约相反，一个非正常解约通知也可以无提前限期地被宣布。它在提交日就生效。

14.5.1 重要理由

非正常解约的重要理由必须客观地使劳动关系的继续成为不可能。这种理由可能是比如：

- 拒绝劳动、拖拖拉拉有缺工现象，
- 违反安全规章制度，
- 严重地侮辱，
- 酗酒驾驶(机动车驾驶员)，
- 贿赂；诈骗费用，
- 虚报劳动时间。

14.5.2 不能接受性

非正常解约对解约方来讲必须是不能接受把劳动关系继续到正常解约限期的期满。在这里所有个案的情况都要考虑到并且要平衡公司及雇员双方的利益。

如果存在如劳动效率不足并且这个不足可以由雇员补足，那么无论如何有必要事先警告(BGB 第 § 314 II 条)。如果可能存在雇主的共同过失，那么非正常解约就可能是不公平的。

14.5.3 声明限期

在雇主知道了解约的原因后，非正常解约通知必须在十四个日历日内提出。限期期满后估计劳动关系的继续对解约者是合理的这一点就是不可辩驳的。企业委员会 / 代表人委员会在这个限期里也要进行旁听(BetrVG 第 § 102 条；SprAuG 第 § 31 II 条)。

14.5.4 因有嫌疑而解约

有严重违反劳动合同义务的重大嫌疑可以是一个解约的理由。对此前提是，

1. 通过事实对嫌疑客观地提出根据；
2. 信任关系被严重损害；
3. 已经给了雇员表态的机会；
4. 雇主做出了解释嫌疑的一切。

嫌疑如果没有根据，那么雇员被证明无辜后就有资格继续就职。

14.6 变更解约

部分解约也就是解除个别雇用条款而同时不解除全部的劳动关系是不允许的。如果个别劳动合同的规章得被更改，那么就需要一个变更解约。它与下列建议相关即继续执行改变了条款的劳动关系 (KSchG 第 § 2 条)。当接到解约通知者不同意提出的变更，它就导致全部劳动合同的结束。雇员可以针对这种结束提出诉讼。

雇员也可以同意提出的更改建议或者有保留地同意。在后一种情况下，他可以对下列论断提出诉讼，即劳动条款的变更是社会性不公平的 (KSchG 第 § 2 条)。在解约保护程序中，将考察相应的变更解约的目的，看变更劳动条款对雇员是否是合理的。如果发现了不合理性，雇员就必须在当前的条款下继续被雇用。

14.7 解约保护

要把不从属于解约保护法规 (KSchG) 的劳动关系、带有通用解约保护以及那些有特殊解约保护的劳动关系区分开。

存在还没超过6个月的劳动关系不属于解约保护法范围 (KSchG 第 § 1 I 条)。

在10个或更少雇员的企业 (不算学员) 对劳动关系开始在2003年12月31日之后的雇员不适用KSchG法。在2003年12月31日为一个少于5个雇员的企业工作的雇员，继续享受解约保护。这些雇员享受解约保护的时间与在多于5个雇员的企业工作一样。非全日制工作的雇员在两个级

别的裁定时，要按照份额来考虑(到20小时每周算0,5，到30小时每周算0,75)。

14.8 解约理由

根据KSchG法第§1条解约只有在下列情况下是合理的，即由于

- 雇员的个人或
- 雇员的行为或
- 紧急的企业需求引起的。

此外从KSchG法第§1 II条的意图上讲不允许其它理由而且企业委员会按照礼仪及规定的期限有反对的权力。前面提到的理由是：

- 违反了BetrVG第gem. §95条的选择方针，
- 有可能在同一企业或公司的其他工作岗位继续工作，
- 在合理的改行培训及进修措施后有可能继续工作或者在雇员同意情况下变更劳动条款。

所有解约理由都是共同的：

预测原则： 解约理由要看将来。要检验是否将来不适合继续工作。此外起决定性的是到解约通知的提交时间时的评价。

乌蒂玛原则： 解约必须是为了解决企业问题的可提供的最后手段。如果还有温和些的手段(比如调职)，就要采取这些手段。

利益评估： 雇主对结束合同的愿望要与雇员继续劳动合同的愿望相权衡。解约只有在雇主的利益占优势时才是合理的。

<table>
<tr><th colspan="2">解约时要考虑的利益</th></tr>
<tr><th>从雇主方：</th><th>从雇员方：</th></tr>
<tr><td>• 企业的运行能力
• 员工的工作纪律
• 具体损害的出现
• 再次发生的危险
• 对雇主声誉的重大损伤</td><td>• 方式、频率、所受渎职指责的严重性
• 雇员从前的行为
• 雇主的共同过失
• 在职时间及年龄
• 雇员的社会情况</td></tr>
</table>

14.8.1 与个人相关的解约理由

与个人相关的是以雇员个人特征及能力为依据的原因。这里区别与行为有关的原因在个别案例上可能是困难地。尤其算是与个人相关的理由：

- 缺乏身体的或精神的能力，
- 生产能力的降低，
- 使雇员适用性大大降低的疾病。

如果解约以这些原因为依据，那么这些必须导致企业利益具体的损害并且对将来的损害或(暂时的)劳动的不可能性也是可预见的。

对于实施的评估要考虑有利于雇员，这些理由在劳动关系开始前是否是已知的或者它是否在工作期间才开始的。

解约的个人相关理由也存在于下列情况，即当一个外国雇员需要劳动许可而没有获得或者作废时。当外国雇员没有及时争取获得劳动许可证，就可能出现与行为相关的解约。

一个重要的个人相关解约的应用案例是雇员的生病。对这类解约的许可设有非常严格的标准。它被区分为三个案例群：

- 长期地生病，
- 经常短期地生病，
- 疾病造成的效率降低。

疾病相关解约的前提是：

1. 过去有很多疾病造成的缺工时间，
2. 解约时负面的估计，

3. 对企业起到严重的难以接受的消极影响。

雇主必须可能地为长期生病的雇员启动一个企业的一体化管理(预防SGB IX第gem. § 84 II条)。

客观地不放弃健康恢复并且出于企业的原因劳动岗位必须被重新填补在长期持续生病的情况下是重要地。雇主必须首先通过合理的其它措施来弥补生病造成的停工时间。

例子：
- 帮工的雇用，
- 过渡性质地组织调整，
- 工作进度中暂时地改组，
- 过渡性质的执行延长工时工作。

要采取哪个措施以及这类弥补措施对雇主多久才是合理的，由个案的情况决定。
不良上瘾也是疾病，可以成为解约的理由。在这里解约也是只有下列情况才允许地，即当疾病使企业的利益受到不合理地损害时。

疾病相关的效率降低要根据下列情况，即是否出现了到平均水平以下的严重的效率降低以及是否企业流程由于效率的降低而受到具体地威胁时。

14.8.2 与行为相关的解约理由

根据KSchG法第Gem. § 1 II S. 1条，当解约不是由于存在于雇员行为的理由时，解约就是社会性的不公平的。行为相关的解约理由首先是违反合同并且存在于下列情况：

- 违反合同(比如违反禁烟规定)，
- 在外工作行为，当其使劳动关系受到明确地损害时(比如收回驾照)，
- 在效率范围，当它出现违反雇员责任时(拒绝劳动、劳动失职)，
- 违反涉及企业规章的行为责任(比如经常迟到)，
- 个人信任范围，比如由于接受贿赂。

如果是在劳动效率的范围涉及违反责任(比如很低或很遭的劳动效率)，那么原则上警告是必须的。只有在及时地和明确地警告后，在警告中明确地对缺乏效率提出了

质疑并且证实了重复出现的情况对劳动关系造成了威胁，可以正常解约。原则上在解约前一个有关的警告就足够了；对于轻微违反或服务时间较长的需要多次警告。

对于在下列范围的错误行为：

- 信任范围(比如偷窃)或
- 企业范围(比如导致劳动的中断)

在个别情况下无提前警告的解约也是允许地。

只有这类理由表明解约是正确的，即劳动关系的继续对雇主是不合理的。个案的情况是起决定作用的，在此要与合同规定的雇员责任建立直接关系。通常导致解约的行为必须是雇员方的过失。

14.8.3 与企业相关的解约

与企业相关的解约在下列情况是合理的，即当由于紧急的企业需要决定的，并与雇员在这个企业继续工作相对立时。如下

- 企业内部情况(比如合理化措施、重组)或者
- 外部情况(比如订单缺乏、营业额减少)。

职位的取消

企业相关解约的第一前提是公司的决定，其导致了目前的人员在需求变更情况下进行调节。劳动法不检验公司决定的目的；例外只存在于下列情况，即当决定明显地是不客观、不明智或很专制时。

当解约是由于企业的经济状况不可避免时，原因就是严重的。在有争议的情况下雇主必须为解约提供企业内部及外部原因的证明。

无继续工作的可能性

企业相关解约前要检查雇员是否可以通过调职、转业培训或在变更解约的范围里在公司另外的工作岗位被雇用。加班时间的抵消或者租赁劳动也可能在这里起到作用。

社会性选择

如果有经济原因，那么生效的企业相关解约的另一个前提是充分的社会性选择。必须在很多雇员里据此选择那些雇员，即对工作岗位的依赖性最小的那一个被解雇。

对于社会性选择首先是确定究竟那些员工相互有可比性。这个首先根据劳动岗位的特征。要考虑的是职业组群，精通的工作及可能的资格特征。如果确定了不同的雇员是有可比性的，那么由于企业原因要解雇那些根据社会资料需要最小保护的。对保护的需要程度的评估要考虑下列几点：

- 在企业的工龄，
- 年龄，
- 承担的生活费义务(家庭)，
- 雇员的严重残疾。

当特定雇员的继续工作由于他的知识、能力或者效率利于企业的利益时，这个社会性的选择就被排除。

根据KSchG法第Gem. § 1 III S. 1条，雇主根据要求要告知雇员导致其符合社会性选择的理由。

雇员在企业相关解约时有获得补偿的资格(每工作年0,5个月的工资)，当他没有提出解约保护投诉并且雇主告知了他有关情况时(KSchG第§ 1a条)。

14.9 特别解约保护

立法者把某些人员群看作是有特别保护的需求者。他把他们的解约保护扩大并且把解约与行政机关方面的赞同相联系或限制在特定的事实。

特殊条例在解约时还存在于下列情况：

- 职业培训关系(BBiG 第§ 15 条)
- 孕妇及产后母亲 (MuSchG 第§ 9 条)
- 在父母时间内的雇员 (BEEG 第§ 18 条)
- 在护理期内的雇员 (PflegZG 第§ 5 条)
- 严重残疾者 (SGB IX 第§§ 85 ff. 条)
- 服兵役者及替代性服役者 (ArbPlSchG 第§ 2 条，ZDG 第§ 78 I 条)
- 企业委员会的成员、选举委员会、竞选人 (KSchG 第§ 15 I, III 条)
- 严重残疾者代理成员 (SGB IX 第§ 96 III 条)
- 污染及环境保护授权者 (BImSchG 第§ 58 II 条)

- 矿工劳动保护证持有人
- 代表及委托席位持有者

特别解约保护存在于解约禁止及解约阻碍。解约禁止存在于服兵役及执行替代服役的雇员、孕妇及在父母时间期内的雇员。在这些情况下，解约只有在成功地进行了特别规定的政府批准程序后才可以执行(比如企业关闭)。

对严重残疾者存在解约阻碍，对他们解约之前需要融合局的同意。企业或雇员委员会成员对正常解约享有全面的保护。这类功能性执行人员的非正常解约只有得到要被解约雇员所属委员会的明确同意才能实行。竞选人及选举委员会的成员享有相似的保护。对于培训企业方来讲正常情况下在试用期结束后职业培训关系是不可解除的。

14.10 解约保护程序

针对劳动法解约的诉讼，雇员必须在解约通知提交的3周内向劳动法庭提出(KSchG 第 § 4 条)。相同的限期在就职诉讼时也适用，即劳动关系在超过限期时还无限期地继续下去(TzBfG 第 § 19 条)以及在破产 的情况(InsO 第 § 113 II 条)。

解约保护法对变更解约也适用(KSchG 第 § 2 条)。社会性选择的规定在企业相关解约的情况下也适用于变更解约。

当法院确定解约无效并且雇主受保护的利益与继续工作不相矛盾时，被解约的雇员在解约诉讼期间有权要求在解约限期结束后继续工作直到具有法律确定效力的解约保护程序的结束。当解约不是明显无效时，雇员到第一主管部门的判决之前没有权力要求继续工作。

当企业委员会根据BetrVG 法第 § 102 V 条反对解约时，直到具有法律确定效力的解约保护程序结束也存在继续工作的权力。

15 大规模裁员

大规模裁员就是很大部分企业职工基于正常解约或变更解约的解雇。在多于20个雇员的企业当达到某一额度的大规模裁员对劳动局有通告义务。下面的定额适用(KSchG 第 § 17 条)：

工作的雇员数目	是大规模雇员数目
21 - 59	多于5个的解雇
60 - 499	最少10％或多于25个的解雇
500及更多	最少30个的解雇

工作者的数目要根据结束劳动关系的时间点来确定；这里由正常的而不是由一个偶然的较低工作者数量为基础。大规模裁员也存在于下列情况，即当不是一次性的，而是要在为期30天里的裁员时，或者当在30天里进行追加裁员超过了上面提到的数目。
要安排30个日历日内执行的大规模裁员。它不是指在这个时间里宣布的解约，即要安排真正劳动关系的结束。通过非正常解约、解约合同、有限期合同的到期或者雇员提出的解约(只要不是由雇主操纵的)而结束的劳动关系，不被计算在内。大规模裁员保护同样不适用于无商业目的的公共企业、航海及季节性企业。

企业委员会必须及时就即将来临的大规模裁员而被通知；雇主要与之就阻止裁员以及避免所涉及雇员的损失进行咨询(社会性计划)。计划好的大规模裁员最迟在声明解约前的30天通知劳动局(内容KSchG 第 gem. § 17 III条)；要附上企业委员会的意见。

从企业委员会参与角度有下列规定KSchG法第 § 17 条：

通报情况	KSchG 法第 § 17 II 条
⇩	
协商	KSchG 法第 § 17 II 条
⇩	
达成一致	KSchG 法第 § 17 III 条

对劳动局的报告根据KSchG法第gem. § 17条需要书面形式。它要包括就业雇员通常数目的说明，要裁员的数目的说明，裁员原因及要实行裁员的时间段的说明。另外企业委员会简报的复印件及其意见也要附上。

除了企业委员会在通告程序框架下的参与，也还要根据BetrVG法第§ 102条在计划的解约前通知企业委员会。

不做通告或者通告是不完善的，那么解约无效，当然只有当雇员针对雇主要求无效时。

在劳动局的报告有一个月的限制期效力，在裁员期间不生效(KSchG第§ 18条)。限期可以被延长到2个月。有大规模裁员许可的裁员在限制期结束后生效。在限制期里可以执行缩短工时劳动(KSchG第§ 19条)。

16 结束劳动关系后的要求权力

合同结束后的忠诚责任在结束劳动关系后继续存在。由此在结束劳动关系后也产生了以前劳动关系各方特定的的责任，即与忠诚和信任相应的行为方式原则。法律针对不正当竞争对企业主加以保护特别是通过UWG法第§1条总则针对离职雇员的竞争行为。

16.1 合同到期前的免职

雇员在解约限期内原则上有获薪水支付的资格及真正工作的权力。这个工作的义务原则上也针对领导层而存在。

例外存在于当雇主不可能让雇员继续工作的时候(企业停业；有取消生产情况的故障)或者他有理由地有兴趣免除雇员职位。下面的也都是这种情况，

- 当有要负担刑事责任的行为嫌疑或其它严重损害合同的嫌疑时，
- 在有根据地怀疑雇员换到竞争对手公司工作时，
- 当出于社会性原因实行有限期权的解约而不是无限期的解约时，
- 在损害到企业的和睦时，
- 由于不断地损害劳动责任而可能产生损失时。

雇员要求报酬的权力不由于免职而被消除。在与能力有关的及变化着的报酬情况下，继续支付的报酬必须在从前的、典型的时间段的基础上实行。对要支付的报酬，根据BGB法第gem. § 615条第2页，其价值必须根据免职雇员的可能的其它附加收入来估算。

免职的权力也在向劳动局登记时产生(SGB III 第 § 2 II 条)。

16.2 找工作的时间

根据BGB法第Gem. § 629条在解除一个无限期劳动关系之后，雇主要根据要求给雇员提供一个适当的时间寻找其它的工作。这里是否是由雇主还是由雇员提出解约是不重要的。

另外的前提是，当为了找工作而离职是必要的。如果一个面试可以在休息日进行时，那么雇员就无权要求在正常工作日提供离职时间。

离职时间的确定由雇主考虑到雇员利益及企业利益的情况下进行(BGB 第 § 315 条)。

关于工资的继续支付适用BGB法第 § 616 条。这个缺工时间原则上作为无过失的缺席劳动来估算并且只要涉及的不是相对特别长的时间就要支付。

16.3 竞业禁止

在劳动关系存在期间，即使没有特别约定，原则上对雇员所有针对其雇主的竞争都是禁止的。而员工在他的劳动关系结束后就自由使用他的劳动力。只有当约定了原则上是允许的(GewO 第 § 110 条)、合同结束后的竞业禁止时，他才要服从限制。竞业禁止的个别情况从法律上在HGB 法第 §§ 74 ff. 条作出了规定。这些规定适用于签定了相应的协定时，也适用于所有其它的劳动关系。

竞争协议生效的一个前提是，雇员在竞争协议订立时是已成年的。此外必须遵守书面形式而且要由雇主把签署的相应文件当面交给雇员。竞业禁止只有当雇主承诺为在禁止期内的限制支付补偿费时才是有约束力的。禁止每一年的补偿费最少是雇员最后领取的合同规定款项的一半，在此不只真正的工资，而是所有要支付的额外的自愿的款项也算。

竞业禁止不可以不适当地阻碍雇员的离职并且同时必须有助于雇主合理的商业利益。公司对于切断竞争的兴趣与雇员的兴趣相对立，通过竞业禁止不过分地妨碍他的职业发展。不适当地阻碍雇员的离职可能由竞业禁止的局部范围、时间的测定及实际的界限而发生。

竞业禁止在时间上最长可以被订立为为期两年。在个别情况这个期限可能已经是不适当的并且因此被相应缩短。

竞业禁止协定		
规定内容		**法律后果**
约定没有报酬费。	⇒	协定是**无效的**。
约定的报酬费过低。	⇒	竞业禁止对雇员是**无约束力的**。雇员有选择权：是否由于报酬费而服从竞业禁止。
雇主保留性地允许竞业禁止(有条件地竞业禁止)。	⇒	竞业禁止对雇员是无约束力的。雇员有选择权，是否由于报酬费而服从竞业禁止。
竞业禁止约定，比如为期2年有报酬费 > 一年年薪。	⇒	竞业禁止是有**约束力的**。 当雇员破坏了协议时： • 雇主的禁令请求权及 • 雇主的补偿请求权。

16.4 款项的偿还

涉及到归还雇主在劳动关系范围内提供款项的问题，还要区分错误支付款项的归还要求-不亏欠的-预付的劳动报酬，通过雇员的劳动收入不被抵消的，不是赚取的代理费支付以及雇主自愿提供的款项。追讨自愿支付的款项表示了要求归还的重要情况。

对于自愿的社会性款项只在下列情况有还款责任，即当它明确地约定了并且清楚地定义了时。然而对企业制度确定的劳动合同标准也是可能的。

偿还对于下列情况具有特殊意义：

- 奖金贴补；
- 自愿提供的额外渡假津贴；
- 培训及进修的费用；
- 基于雇主贷款的费用；
- 搬家及代理费用；
- 政府部门的检验费用。

要为检验这类偿还条款的有效性提供严格的要求。这特别适用于从劳动关系中分离出去的雇员偿还由雇主提供的培训费用规定的条款。要对下列兴趣进行评估，即雇主对与由其提供费用的受培训的雇员建立长期关系的兴趣及雇员对于自由更换工作机会的兴趣。

对于错误地偿还款项者(比如计算错误，错误地承受一项义务，错误地编组)，不该支付的报酬按照返还原物法处理(BGB 第 §§ 812 ff. 条)。

16.5 企业的养老保险金

企业养老保险金的法律根据从企业养老保险改善(BetrAVG)条例中获得。此外它们规定了在开始获得养老金之前劳动关系结束时养老候补资格的维护。

一个养老候补资格的非失效性依赖于下列前提，即雇员最少满30岁并且对他的养老许诺最少存在5年(BetrAVG 第 § 1b I 条)。劳动关系是否通过雇主还是雇员的非正常或正常解约而被结束的，在这个关系里是不重要的。其它的只在下列情况适用，即当有资格接受养老金的雇员对与雇主及有提供养老金义务者的关系作出那种重大损害时，出现了与为了遵守养老承诺而有的忠诚及信任原则不相一致时。

雇主有义务在结束劳动关系时通知雇员，获得企业养老金方面有哪些权力以及何时到支付期(BetrAVG 第 § 2 VI 条)。

16.6 劳动所需文件

属于劳动所需的首先有下列文件：

文件	法律依据
工作证明信	GewO 第 § 109 条，BGB 第 § 630 条，BBiG 第 § 8, 19 条
休假证明	BUrlG 第 § 6 II 条
失业证明	SGB III 第 § 312 条
个人所得税卡	EstG 第 § 41b 条; LStR 第 § 114 条
个人所得税证明	EStG 第 § 41b 条, LStR 第 § 135 条
收入证明卡(建筑业)	BRTV-Bau 第 § 2 条
社会保险登记	SGB IV 第 § 28a I 条; DEÜV 第 § 25 条
社会保险证明	SGB IV 第 §§ 95 ff. 条
接收确认	BGB 第 § 368 条
健康证明	比如 BseuchG 第 § 18 条; JArbSchG 第 § 32 条

结束劳动关系时，雇主要把劳动所需文件弄齐全并且交给雇员。这个获得资格由于法律(SGB III 第 § 312 条，EStG

第 § 39b I 条，EStG 第 § 41b I 条) 得出并且由于合同结束后的照顾 (BGB 第 §§ 985, 242 条)。原则上在劳动关系确实结束时 (离开之日) 要进行移交。如果出于组织上的原因无法进行，那么雇主就要签发一个阶段性的证明。

雇主没有保留的权力。如果雇主损害了他的责任，那么他针对雇员在私法上以及针对行政机关在公法上有补偿义务。

失业证明 (SGB III 第 § 312 条) 用作劳动局对失业救济金的确定；它是一个证书并且既不是鉴定替代品也不是补充鉴定。它在联邦所关于冻结期的决定也构成了依据，

- 只要雇员收到了补偿费，
- 当劳动关系由于雇员违反合同的行为即刻地被结束时 (比如偷窃)。

雇主针对劳动局有签署这类证明的公法责任。如果雇主损害了签署这个证明的义务，疏忽或者蓄意，比如

- 通过不正当地或者不完整地提交，
- 通过漏掉填写这个证明，

那么他就必须赔偿劳动局由此产生的损失 (SGB III 第 § 321 条)。

雇员可以对雇主就签署并拿出证明进行投诉。这里劳动法庭主管 (ArbGG 第 § 2 I Nr. 3e 条)。如果雇员要在填写证明时就特定的内容以及通告或补充提出投诉，那么在这儿就是社会法庭主管。它在这儿涉及了在社会保险范围内公法的争议。

16.7 放弃

雇员可以在他离职的事务上放弃某些权力。相反地也有不可以放弃的权力。

16.7.1 可以放弃的权力

除了不可以放弃的权力之外，劳动关系里所有其它能想到的权力可以被放弃。他们是：

- 劳动关系结束后获得工资继续支付的资格，
- 等待期获得赔偿的资格，
- 根据雇员发明法的权力，

- 解约保护投诉的提出及执行。

放弃这些权力必须要明确地表达出来，比如通过在计算收据上准确说明的方式。

16.7.2 不可以放弃的权力

下面的权力不能被放弃：

法规	权力
BUrlG 第 § 13 条	最少假期权及渡假津贴权
EFZG 第 § 8 条	病假工资支付的要求权
BetrAVG 第 § 3 I 条	对于企业养老金的养老候补资格
BetrVG 第 § 77 IV 条	无企业委员会同意的企业协议规定的权力
TVG 第 § 4 IV 条	无劳资协议各方同意的集体合同规定的权力

16.8 工作证明信

每个雇员在结束了劳动关系时都有获得工作证明信的权力 (GewO 第 § 109 条)。雇员可以在简单的或者专业的证明信之间选择。获得权首先与提供一封简单的证明信有关；如果雇员想要一封专业的证明信，那么他必须提出要求 (GewO 第 § 109 I 条)。

工作证明信是一个证书，它对雇员先前的工作或者他的职业知识及经验起到证明的作用。所以证明信必须用正确的形式撰写并且必须有相应的外部表现形式。它必须清楚易懂地撰写并且不允许含有这样的标记及措辞，即有意从表明形式或者从字句中对雇员得出明显的结论 (GewO 第 § 109 II 条)。

内容由签署的证明信的种类产生。在简单的证明信中要求只是确切地给出个人的、工作种类及时间。而在专业证明信必须额外给出表现及能力或者在培训证明上给出职业培训的种类、时间及目的，以及受训者从中获得的知识及技能 (BBiG 第 § 8 条)。

16.8.1 真实性义务、善意

真实是给予证明信的最高原则。因此只允许事实，而不是怀疑情况、看法或者假设包含在证明信里面。除对真相的规定外，证明信内容也必须具有对雇员的善意评价；不允许对雇员的离职造成不必要的困难。

一方面证明信对雇员应该作为申请新工作的附件；当他被过低地评价时，他的利益就因此受到威胁。另一方面证明信应该作为对要安置雇员的第三方的简要介绍；当雇员被过高地评价时，他的利益就受到威胁。为了平衡这个可能的利益冲突就因此产生了最高原则，即证明信必须是真实的。

要考虑的真实及善意的原则是相互限制地。对雇员的评估造成负担的真实的消极事件，与不给雇员的离职造成不必要的困难的要求处于对立面。因此需要某些标准句及用语或者略去某些通常在证明信中被预期的单个规范(比如诚实)。

证明信的措辞：

“他把委托的工作始终完成得让我们特别满意”	= 极好
“他把委托的工作始终完成得让我们很满意”	= 好
“他把委托的工作完成得让我们很满意”	= 满意
“他把委托的工作完成得让我们满意”	= 足够
“他把委托的工作大致完成得让我们满意”	= 欠缺的
“他努力地想把委托的工作完成得让我们满意”	= 完全不够的

16.8.2 签署 / 递交的时间

获得签署证明信的权力在结束劳动、服务或者职业培训关系时就产生了(BGB 第 § 630 条，GewO 第 § 109 条，BBiG 第 § 8 条)。如果一个雇员在没有解约的劳动关系中要求证明信并且他也有合理的需求(比如更换上司)，那么雇主必须即刻签署称为阶段性的工作证明信。

如果证明信包含了错误的表述或者不正确的看法，那么雇员可以要求签发一封新的工作证明信。一个简单的修正是不够的。证明信也可能要在劳动诉讼程序中被审查。劳动法院被授权在某些情况下自己撰写新的证明信。

16.8.3 雇主的责任

如果雇主有过失地触犯了 BGB 法第 § 276 条表达的给出工作证明信的责任，那么他就要补偿雇员由此产生的损失。这既适用于太晚的或根本没有提供的证明信，也适用于给出错误“事实”或有无根据评价的证明信。通过一个错误的证明信也可能对新的雇主产生损害，即当他相信了证明信的正确及完整性而雇用了雇员时。

证明信的签发者负有责任，当以他损坏风俗的方式，使第三方(新雇主)蓄意受到损失时(BGB 第 § 826 条)。

当雇员由于错误的或者太晚签发的证明信而不被安置或者只以较低工资被雇用时，他失去的款项要作为雇员的损失来考虑。要赔偿下一个雇主的损失范围按照BGB法第 §§ 249 ff. 条办理。然后签发证明信的雇主要建立一种状况，就像有赔偿义务的情况没有发生一样的。

内容		
失业证明	证明信	
	简单的	专业的
对个人的说明。工作的种类、范围及时间、收入、赔偿的支付、解约原因。	对个人的说明、工作的种类及时间。	就如简单的证明信；额外对表现及能力的说明。

16.9 雇主的问讯权

可能的新雇主原则上有权从前任雇主处征求对求职者的意见。当求职者禁止其下一任雇主向前一任或者当前的雇主进行调查时，这类知情权就不存在了。

前任雇主从继续生效的忠诚及照顾责任的角度有义务提供关于雇员的行为及能力的情况。它原则上与证明信相同，然而情况与证明信相比咨询可以较为自由地拟定。但是通过打听到的情况不允许造成这样的印象，即雇员的能力和表现与在证明信上表述的评价是不同的。

如果雇主不提供信息，不及时地提供或提供错误的内容，那么他对雇员就由此产生的损失负有责任。

17 企业法

企业法 (BetrVG) 是集体劳动法的一部分。要把企业委员会从公司层面上规定参与的企业之上的共同决定区分开。

BetrVG 法的主导思想是在雇主和职工代表之间有益的合作来谋求一个共同的目标，即

企业和职工的利益。

为达到这个目标设想的法律基础可以在 BetrVG 法第 § 2 I 条找到规定的原则，即

企业的各方充满信任地共同工作。

17.1 企业委员会

企业委员会是由 BetrVG 法建立的雇员组织的法定代表。他要代表雇员的利益，但是也要考虑雇主的利益。他在企业层面上活动着。如果公司有多个企业，那么就在公司的层面上建立一个共同的企业委员会，在其中有各个企业委员会的成员。对于一个集团可以通过共同的企业委员会建立一个集团企业委员会。

雇主和企业委员会有责任相互信任地共同工作 (BetrVG 第 § 2 I 条)。他们应该最少每月一次举行会谈并带着认真的态度使他们的协商达成一致并且提出排除冲突的建议。

企业委员会一般由最少五个有永久选举权的雇员构成，其中三个可选 (BetrVG 第 § 1 条)。企业委员会的任职期总计四年 (BetrVG 第 § 21 条)。

定期的企业委员会选举每 4 年从三月一日到五月三十一日进行 (BetrVG 第 § 13 条)。除了这个时间，企业委员会只有在例外情况下有选举，此外从选举日算起当 24 个月结束时，定期工作雇员数目的一半，但最少 50，增加了或减少了 (BetrVG 第 § 13 II 条)。

17.1.1 选举权

企业委员会要由雇员来选举。所有满 18 岁的 (BetrVG 第 § 7 条) 雇员都是有选举资格的人。在企业工作的工龄对选举资格不起任何作用。培训生、学员、志愿者及实习生以及主要为企业工作的住家劳动者也是有选举资格的人。非全日制工作的雇员也是有选举资格的人，以及为了服

兵役或者为了军事演习而应征的，其劳动关系在服兵役期间暂停。同样在企业工作超过3个月的租赁雇员也是有选举资格的。

从上面提到的意义来讲，属于企业超过6个月的或者作为住家工作者主要为企业工作的(BetrVG第§8 I条)所有有选举资格的人都是可选的。新开业的或者说存在不超过6个月的企业，那些在企业委员会选举引入时就在企业里工作的雇员以及满足通常可选性前提条件的雇员都是可选的(BetrVG第§8 II条)。

17.1.2 选举程序

企业委员会由匿名地及直接地选举选出(BetrVG第§14条)。对选举本身适用关系比例代表制的原则。如果只是提交选举提名，那么根据大多数选举的原则选举。在企业里代表的工会及有选举资格的雇员可以进行候选提名(BetrVG第§14条)。

选举的执行明确地受BetrVG法第§20条保护。没有人可以阻碍企业委员会的选举，特别是选举权既不允许主动地也不允许被动地被限制。雇主负担选举的费用(BetrVG第§20 III条)。

选举委员会的成员及企业委员会选举的竞选人受到一个特别的解雇保护(KSchG第§15 III条)。

17.1.3 企业委员会的构成

企业委员会成员的数目在BetrVG法第§9条里规定并且取决于在企业里工作的雇员数量。根据BetrVG法第Gem. §15条企业委员会应该由单个组织范围/工作种类的雇员共同组成。性别比例必须相应地代表其数字比例。

17.1.4 企业委员会成员的法律地位

企业委员会成员从事一个自由的、无偿的名誉职位(BetrVG第§37条)。由于这个原因，他们不允许由于他们的授权而被歧视或被优待(BetrVG第§78条)。如果在个别劳动时间里有必要进行企业委员会的劳动，那么企业委员会的成员要由此而被放行(BetrVG第§37 II条)。

企业委员会的成员享受一个特别的解雇保护，它原则上排除了雇主的正常解约。非正常解约要求有企业委员会明确的同意。如果拒绝同意，那么它只可以由劳动法庭代替 (BetrVG 第 § 103 条；KSchG 第 § 15 I 条)。

企业委员会成员的权力

解雇保护	禁止障碍 / 禁止歧视	报酬保护	免除劳动	培训权
KSchG 第 § 15条; BetrVG 第 § 103 条	BetrVG 第 §§ 37 V, 38, 78 条	BetrVG 第 §§ 37 IV, 38 III 条	BetrVG 第 § 37 II, III 条	BetrVG 第 § 37 VI, VII 条

企业委员会成员由于培训及教育活动在没有减少劳动报酬的情况下要对他们的职业工作给予免除 (BetrVG 第 § 37 条):

1. 只要下列认识经过协调，即对于企业委员会的劳动是必要的。认识的协调对于企业委员会的劳动是必要的，当这个认识在考虑了企业的具体情况并且是企业委员会需要的，这样企业委员会成员可以了解他们的任务 (BetrVG 第 § 37 VI 条)。
2. 每个企业委员会成员除了前面提到的权力之外还有一个额外的由于培训和教育活动的总计 3 周带薪免除工作的权力，这是由主管的联邦劳动局认为是适当的而得到承认的。协调这些活动的认识，必须与企业委员会工作相关联并且对此有帮助及促进作用的。对于那些第一次成为企业委员会成员的雇员，免除工作的期限权力提高到 4 周 (BetrVG 第 § 37 VII 条)。

17.2 企业职工大会

企业职工大会是企业劳资法的行政机关，但是没有代理权所以也就不能有影响力地为雇员发出意愿陈述。它为雇员发出声音并提供信息。原则上企业职工大会由所有企业的雇员组成。部分职工大会只在例外的情况举行，即当由于企业的特点不可能在同一时间聚齐所有的雇员时 (BetrVG 第 § 42 I S. 3 条)。

在正常及非正常企业职工大会之间是有区别的。正常企业职工大会是定期的、在特定的阶段由企业委员会召开的企业职工大会。非正常是出于特定的理由或者应四分之一有选举资格雇员的要求或者应雇主的要求而举行的(BetrVG 第 § 43 III 条)。

企业职工大会原则上在企业里并且在工作时间进行，雇主这时要提供所需的空间。这里工作时间是指企业的工作时间。在通常工作时间之外的职工大会只允许在下列情况进行，即当由于企业的特点而被迫必要时。

17.3 经济理事会

BetrVG 法第 § 106 I 条指定，在所有超过 100 个长期工作雇员的公司按照惯例要组建一个经济理事会。经济理事会最少由三个最多七个成员组成 (BetrVG 第 § 107 I 条)。他们必须属于公司。一个经济理事会的成员必须也是企业委员会的成员。经济理事会的成员要由企业委员会确定(BetrVG 第 § 107 II 条)。他们的任职期要与企业委员会的任职期相关联。

经济理事会应该每月一次聚会。它有对公司的经济事务提供意见的任务并且要及时向企业委员会通告关于这类事务。在 BetrVG 法里提到了经济理事会的一些重要的任务 (BetrVG 第 § 106 III 条)，虽然他们还没有被最后确定。这意味着，可能出现其它的在法规里没有明确提到的经济事务要经济委员会来提供意见及信息。

17.4 青少年及培训生的代表

一个额外的企业劳资法规定的代表是青少年及培训生代表(BetrVG 第 § 72 ff. 条)。这样保证了超过 18 岁的青少年雇员及为其职业从事培训而工作的人有一个共同的代表，其通过企业委员会维护他们的特殊利益。

17.5 企业劳资法里个别性的权力

BetrVG 法在无企业委员会存在的企业里大部分不适用。单个雇员与之相反有单个参与及申诉权 (BetrVG 第 §§ 81 ff. 条)。他们与企业委员会是否存在无关并且也适用于最小的企业。

单个雇员的参与权	
信息权：	雇主有责任告知每个雇员关于他在企业中的编排、他的任务和他的职责以及关于他工作的特征、劳动保护和在劳动范围的改变 (BetrVG 第 § 81 条)。
听证权：	每一单个雇员有机会就涉及其个人或劳动岗位的问题进行听证、提出意见及积极活动。这样一个雇员可以就比如他劳动岗位的布局设置及劳动顺序提供建议 (BetrVG 第 § 82 I 条)。
商讨权：	每个雇员可以要求给他解释劳动报酬的计算及构成还有对他效率的评估及商讨他职业发展的机会 (BetrVG 第 § 82 II 条)。
审阅权：	每个雇员都可以要求审阅关于他的档案(个人档案) (BetrVG 第 § 83 条)。
投诉权：	雇员可以到他的上司处就涉及他的事务进行投诉。雇主必须对投诉的处理给予答复并且只要是有根据的就要设法纠正 (BetrVG 第 § 84 条)。
建议权：	每个雇员有权就企业委员会要协商的话题提建议 (BetrVG第§ 86a条)。

企业委员会法也涉及领导层的雇员，尽管这些雇员原则上没有应用。当根据服务部门及雇佣合同有下列特征时，根据 BetrVG 法第 § 5 III 条就是“领导层的雇员”。即

- 总代表权或者被授予代表权时，
- 有独立的雇佣及解雇权时，
- 了解对公司特别重要的任务时，
- 可以表现出特殊的经验及知识时，
- 有很大的自己作出决定的空间时。

17.6 企业委员会的共同决定及协作

企业委员会法的核心领域规定了企业委员会的共同决定与协作。参与的程度在这里很有区别。协作与共同决定相比是程度很轻的参与权并且从倾听到共同协商的单纯的通告就足够了。重要的是雇主不做最后的裁决。

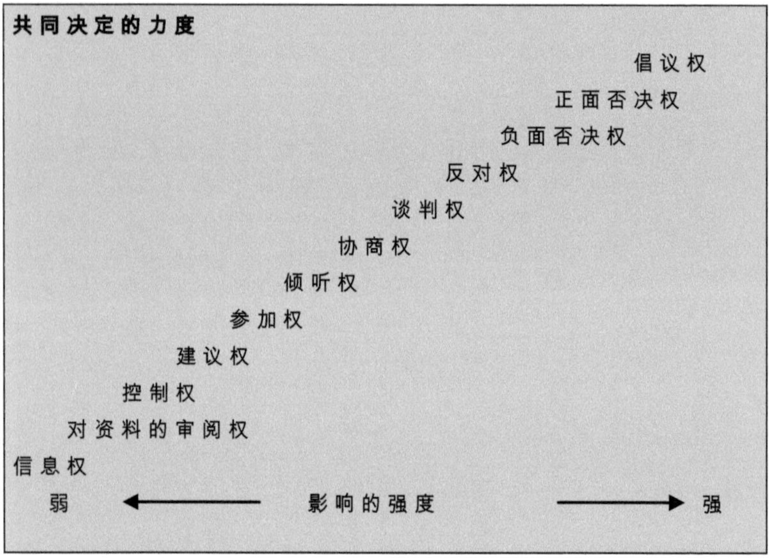

雇主和企业委员会在共同决定时是有同样资格的。这意味着一方面雇主在没有企业委员会或他们有效的替补人员的同意不可以通过协调处的判决而实施有共同决定责任的措施。另一方面包括企业委员会可以要求相应的行动并且可能针对雇主的愿望通过协调处的判决而实施(BetrVG 第 § 87 II 条)。

企业委员会的通用任务

企业委员会的通用任务在 BetrVG 法第 § 80 条给出了标准。这里涉及：

1. 监控法律标准及对雇员有益的劳动法原则的遵守情况；
2. 就服务于企业及职工各项措施提出建议；
3. 推行男女平等；

4. 接纳雇员及青少年代表的建议；
5. 与青少年及培训生代表共同工作；
6. 推动老年雇员的工作；
7. 外国雇员的融合；
8. 推动并保障在企业的工作；
9. 推动劳动保护及企业环境保护的措施。

17.6.1 社会事务

服从于劳资协议的普遍优先地位的社会事务上的共同决定在BetrVG法第§87条里作出了最后的规定。

法规把社会事务理解为所有与劳动条件的设置有关的问题。另外劳动保护也算在里面(特别是事故及健康保护)以及公共装置的设置。

社群的共同决定(BetrVG第§87条)：

1. 企业的规章及雇员在企业的行为；
2. 每日劳动时间的开始和结束包括工间休息以及劳动时间在每一周工作日的分配；
3. 过渡性质的、企业通常劳动时间的缩短和延长；
4. 劳动报酬支付的时间、地点及方式；
5. 建立通用假期原则和渡假计划以及确定单个雇员渡假的时间情况，当雇主和雇员之间无法达到共识时；
6. 推广及应用为监控雇员的行为或者劳动而确定的技术装置；
7. 规定预防劳动事故和职业疾病以及在法律规定或者事故预防规定范围里的健康保护；
8. 其生效范围限制在企业、公司或者集团的公共设施的形式、布置及管理；
9. 为了劳动关系的持续而租给雇员的居住空间的分配及解除，以及总体地确定使用条件；
10. 企业工资设置的问题，特别是建立报酬原则以及推广和应用新的报酬原则及其变更；
11. 计件工资和奖金以及类似的根据劳动而定的报酬的规定，包括货币因素；
12. 企业提建议方式的原则；
13. 执行分组劳动的原则。

共同决定权在公共领域的丰富性提供了下列示范性的企业规则：

- 顺畅的劳动时间的推广
- 提供额外津贴
- 关于电话监控的规定
- 企业休假
- 计时工资到计件工资的过渡
- 企业养老金的形式
- 使用打卡机
- 食堂的租赁
- 禁止吸烟
- 代理费支付的时间
- 停车位规则
- 提建议处的布置
- 企业幼儿园规则
- 非现金的工资支付
- 身体保护服装的费用承担

17.6.2 劳动岗位及劳动程序的设置

雇主有义务就关于新建、改建及续建的计划，就制造、管理及其它企业用地，就技术设备，就劳动程序和劳动顺序对企业委员会进行通告(BetrVG 第 § 90 条)。对于要新建的项目要搞清楚，其规模是适宜的，具体对劳动顺序及劳动环境的影响。

企业委员会对于这些措施的通告及协商要通过雇主及时地执行，这样企业委员会可能的反对意见还可能被予以考虑。特别是企业委员会必须有机会，在雇主当时的计划中就关于职业病学或者劳动生理学方面的确定的认知融入它的意见。

当雇主的计划对劳动学已确定的认知造成损害时(BetrVG 第 § 91 条)，一个被强制设置的共同确定权就通过协调处给予了企业委员会。

17.6.3 雇员事务

雇员计划

企业委员会就雇员计划，特别是关于雇员的需求计划从雇主方有一个通报权(BetrVG 第 § 92 I 条)。通报要及时和尽力地进行。此外雇主有义务与企业委员会就雇员计划，也就是要实现的雇员计划的形式及范围所必要的措施进行协商。特别是这里要就避免过于严厉而进行协商。

雇员计划的引入以及个别形式只属于雇主主管范围。然而企业委员会对引入这个计划有意见权，只要直到现在在企业里还没有被雇主规定(BetrVG 第 § 92 II 条)。

企业内部的职位声明

企业委员会有权要求在企业里的劳动岗位的公告，只要这个职位空缺或者将要空缺并且计划要招聘时(BetrVG 第 § 93 条)。可是这不是要通过雇主的公告而阻止同意也在企业外部提供空缺的职位。这个职位一定要由企业内部申请者占有的义务是不存在的。

如果企业委员会对公告的要求没有被满足，那么企业委员会可以拒绝同意当时的雇员变更措施(BetrVG 第 § 99 II Nr. 5 条)。

雇员调查表格及评估的原则

是否推行调查表格或者评估原则，处于雇主独立的决定的范畴，对此对已有调查表格或者评估原则的内容更改也算在内。但当一个这类措施的推行以及更改是计划要执行的，那么这个过程就要服从企业委员会的共同决定权 (BetrVG 第 § 94 I 条)。如果关于当时的内容达不成一致，那么协调处作出决定，其判决替代雇主和企业委员会之间的协调。

选人的方针

BetrVG 法第 Gem. § 95 条企业委员会对制订关于雇用、重新分组、调动及解雇时人员选择方针有共同决定权。在多于 500 个雇员的企业，企业委员会有制订这个方针的倡议权 (BetrVG 第 § 95 II 条)。选人方针可以原则上只含有通用的标准，然而不可以制订单个的具体规则。

BetrVG 法第 Gem. § 99 II Ziff. 2 条企业委员会可以拒绝同意 (否决权) 下列情况的人员的个别变动措施，即当企业委员认为违反了这类方针时。

17.7 职业培训

企业委员会也要参与企业的职业培训。这下面包括就推动措施，特别是针对老年雇员，还有就建立和配置企业的职业培训设施提供咨询 (BetrVG 第 §§ 96, 97 条)。执行企业的培训也服从于企业委员会的共同决定权。它可以对特定人员的委任，比如由于人员或专业能力的缺乏，提出反对或者要求其调离。在有争议的情况下由劳动法庭判决。关于参与者在企业职业培训措施方面的异议要通过协调处进行调节 (BetrVG 第 § 98 条)。同样地也适用于下列情况，即当对导致相应雇员工作变更以及职业认知和他执行任务时的能力不足时(BetrVG 第 § 97 II 条)。

17.8 雇员的个别措施

根据企业劳资法规，雇员个别措施是指雇用，分组，重新分组及调任(BetrVG 第 § 99 条)。一般上在超过20个有选举资格雇员的企业里，企业委员会在这类措施上有共同决定权。雇主除了对企业委员会的一般通报责任之外要对这类措施呈报必要的材料。这个材料必须是广泛和详细的，以使企业委员会能够作出独立的判断。

企业委员会可以在资料收到后一周之内给出书面理由的情况下拒绝同意由雇主计划好的措施。拒绝必须含有事实，雇主通过其事实可以根据BetrVG法第 § 99 IV条对劳动诉讼的可能性进行评估。

当由于客观理由是紧急的必须的时候(BetrVG 第 § 100 条)，雇主可以仍旧暂时执行他计划好的措施。在这些情况下，雇主必须尽快通知企业委员会(BetrVG 第 § 100 II 条)。关于措施的暂时性要对雇员澄清；否则雇主就发现自己可能的延迟的损失补偿权被中断。如果企业委员会对当时的人员措施的紧急性有争议，那么雇主要在了解到企业委员会的观点后的3天内到劳动法庭申请代替企业委员会的同意(BetrVG 第 § 100 II 条)。

17.9 解约

对每个正常或非正常解约企业委员会也都要事先听到消息(BetrVG 第 § 102 I 条)。在这一点上法律包括有明确的规定，即没有事先通知企业委员会的解约是无效的。另外一方面当企业委员会出于在BetrVG法第 § 102 III条里列举的理由反对时，在倾听后的解约也可能生效，也就是当：

- 雇主选择要解雇的雇员时没有足够地从社会性角度考虑；
- 解约违反了BetrVG法第gem. § 95条的方针；
- 要被解雇的雇员在同一企业的其它劳动岗位可以继续工作；

- 在通过可能的改行培训及进修措施后或者在雇员表示赞同后的变更合同条件情况下雇员的继续工作是可能的时。

如果企业委员会反对，那么雇主有义务在解雇雇员时把企业委员会的意见副本转交给雇员 (BetrVG 第 § 102 IV 条)。此外只要雇员就解约保护提出投诉雇员可以在雇主要求下，直到劳动法庭诉讼程序的有法律效力的结束，不改变劳动条件地继续工作 (BetrVG 第 § 102 条)。

但是劳动法庭可以通过雇主申请的禁令对继续工作提出解除，当

- 雇员投诉成功的希望看起来不大或者是恶作剧性质的；
- 雇员的继续工作对雇主导致不合理的经济负担；
- 企业委员会的反对是明显的没有根据的。

17.10 经济事务

在经济事务中共同决定或者参与发表意见，既是通过经济理事会也是通过企业委员会给出的。

经济理事会通过 BetrVG 法原则上是在超过 100 个长期工作雇员的公司存在的，用以推动相互信任地共同工作以及确保在经济事务上相互地通告。这个通用的概念上的构想在企业法令中被 BetrVG 法第 §§ 106ff. 条具体化了。这里比如新的劳动方法的引入、生产程序及公司的经济情况、公司财政状况、投资程序和合理化计划的通告和协商都属于其范畴。

要在经济理事会里讨论的部分涉及公司当前的形势，部分也涉及将来的发展计划，比如生产程序。对于那些要立即实现的共同的决定，不由经济理事会主管。如果公司主管的计划出现紧急状态，那么公司要通知的不是经济理事会而是企业委员会。

当公司的运行要进行限制、歇业、搬迁或者企业联合 (= 企业变更) 并且这些对于职工或者职工的大部分可能意味着不利情况时 (BetrVG 第 §§ 111–113 条)，通常在有超过 20 个有选举权雇员的公司，企业委员会要参与经济事务。下列情况适用于明显的不利情况，除了损失劳动岗位，

很大的额外负担，如在企业搬迁时而必须的搬迁、明显的上班路途的延长及长时间必须拥有两个居住处。

BetrVG 法第 § 112 条在下列情况间有区别

- 关于计划好的企业变更的利益平衡及
- 关于平衡或者减轻对雇员由于计划好的企业变更而产生的经济不利情况的社会性计划。

利益平衡

利益平衡包括，计划好的企业变更究竟是否在计划范围内并且它是否应该以公司计划好的方式被执行。公司经济决定所涉及的范围在这里使企业委员会有机会，对公司计划的决定施以影响。这里企业委员会在其通过 BetrVG 法第 § 111 条的基础上被分割的通告及知情行为也可能处于纯粹的经济角度的地位并且不仅企业变更的必要性而且作为整体及例外和执行的方式也可能导致达成协调努力的对立面。

社会性计划

在这个过程中利益平衡首先涉及经济措施的执行，社会性计划仅仅起到平衡或者降低由于企业变更而对职工产生的社会性不利情况。它以在一定范围内及一定方式的企业变更为给定的前提，在这件事上利益平衡的实现不是社会性计划的前提。

社会性计划有企业协定的效力 (BetrVG 第 § 112 I 条第 3 页)，这意味着除了雇主和企业委员会间的强制协定外，单个雇员的权力也可以有效力地被约定，遭受不利情况的雇员直接从社会性计划中获得自己的权力。

此外只有当计划好的企业变更最终有裁员 (BetrVG 第 § 112a 条) 时，社会性计划才是被强制执行的。这里适用下列规模：

企业的规模	计划内的裁员
> 20 个少于 60 个雇员	20 %, 但最少 6 个雇员
60 到 250 个雇员	20 % 或者最少 37 个雇员
250 到 500 个雇员	15 % 或者最少 60 个雇员
500 个雇员及更多	10 % 但最少 60 个雇员

不利情况补偿

如果公司执行企业变更而没有与企业委员会一起尝试利益平衡，那么它对于由于该措施而被解雇的或者承受其它经济不利情况的雇员，根据法律有义务承担不利情况补偿 (BetrVG第§ 113 III条)。

17.11 协调处

协调处是企业劳资法对于这样的情况而设的场所，即共同决定权的执行通过企业委员会不能达成在它和雇主之间的一致 (BetrVG 第 § 76 条)。所以协调处不决定法律问题，而是规定的争议性。

要把协调处的建立和行动区别开

- 被强制执行的共同决定的问题 (BetrVG 法第 § 87 I 条)，
- 所有其它问题。

在被强制执行的共同决定情况下，协调处在一方申请时，比如企业委员会或者雇主，就被启动。它的判决对于双方都有约束力，而不要求进一步的约定形式 (BetrVG 第 § 87 II 条)。

如果不存在固定的协调处，那么它必须首先被建立。首先要委任公证的主席，一个适当的在劳动法事务上知识丰富的人 (比如劳动法庭的法官，劳动法学家)。如果双方就一个人选达不成共识，那么劳动法庭就委任一个主席 (BetrVG 第 § 76 II 条)。委任了主席后，企业委员会和雇主要就委员提名 (每方 1 – 3 名)。双方在理事的选择上都是自由的；他们既不必来自于企业，其中一方也不可以拒绝另一方的理事。

协调处有考虑的余地，然而它又受到限制，一方面通过已有的法律和集体的约定，另一方面通过企业的情况及雇员的兴趣。协调处的费用由雇主承担 (BetrVG 第 § 76a 条)。

协调处也可以由于其它规定性问题而被启动。那么它的判决就有了对双方提出建议的特征，只要它们事先不服从协调处的判决。

协调处的程序

召集会议	⇒	●通过主管 ●会议的约期、地点
会议	⇒	●不公开 ●公证地倾听 ●申请 ●可以通过律师代理 ●证据及专家的问讯
决定(判决)	⇒	●口头协商之后 ●多数票 ●书面形式 ●主席签字 ●建立 ●交给雇主及企业委员会 ●企业协定的效力
法院的核查	⇒	●裁量权之滥用 ●两周限期

企业委员会的效力范围

企业委员会的效力范围	事项	内容
	人员的个别措施	雇用 升级 调任 调换 解雇
	企业的工资设置	报酬的原则 报酬的方法
	劳动程序的设置	劳动时间的开始和结束 劳动时间在周工作日里的分配 休息时间的确定 增加或者减少工作的启动
	劳动岗位的设置	劳动相对于人员的调整
	劳动和健康保护	事故预防 事故调查
	企业的秩序和雇员的行为	比如对大门的监督 禁止吸烟 打卡机
	社会效益	社会捐赠 支持 援助 食堂活动 工人宿舍 养老金
	经济及组织的措施	企业停业 企业变更 生产或企业宗旨的改变

18 欧洲企业委员会

通过欧洲企业委员会的法律(EBRG)，雇员跨越国界的简报和听证应该在联盟内运行的公司和集团里被实行。目的是在直接涉及的各方之间通过协商办法有最大可能的灵活性。

法律适用于在联盟内运行的公司及集团其地址在德国，它们在欧盟成员国以及欧洲经济区协议的其它合同国里有总计最少1000个雇员并且其中最少150个雇员在两个成员国里面(EBRG第§§ 1–3条)。此外当对地址在第三国的国际公司或集团公司产生了EBRG法第§ 2 II条里提到的前提时，此法适用。

18.1 关于简报和听证的协定

法律规定了有着广泛设置可能性的协议办法的优先地位：

- 一个或多个场所 - 也与领域有关 - 欧洲企业委员会(EBR包括理事会的建立)

或者

- 启动其它程序进行简报和听证(比如通过地方的企业分散程序 - 或者公司领导或地区的程序)。

为了协定办法要在雇员方建立一个特别的协商小组，其工作包括在公司或者集团公司的中心领导下通过雇员超越国界的简报和听证达成一个协定(EBRG第§ 8条)。小组的规模及组成根据代表性原则(对来自每个成员国的一个企业的代表保证席位)和比例性原则(来自于有更多劳动者的成员国额外代表)来确定。特别协商小组建立的前提要么是中心领导准备并进行组织，要么是来自两个不同成员国的100个雇员或其代表提出一个相应的提案(EBRG第§ 9 I II条)。

18.2 欧洲企业委员会法律效力

当中心集团领导在6个月内没有协商，3年内没有达成协商办法或者双方提前宣布协商失败，那么就产生了欧洲企业委员会法律效力(EBRG第§ 21条)。规模的确定(最多

30个成员)以及欧洲企业委员会的组成实行尊重代表性和比例性的原则。

欧洲企业委员会的管辖范围限制在经济事务，其在不同的成员国里涉及最少两个企业或者公司，或跨国界发生效力。

就商业形势的发展和在联盟内经营的公司的(集团公司)前景，特别就经济和财政形势、就业率、投资、生产转移及大规模裁员，每一日历年进行一次欧洲企业委员会的简报和听证。此外欧洲企业委员会在特别的情况下(生产转移、企业或者公司停业、大规模裁员)刻不容缓地通报并且根据要求及时地倾听(EBRG 第 § 33 条)。

欧洲企业委员会要选出一个主席和一个对外的代表(EBRG 第 §§ 25 ff. 条)。主席通常领导运行中的活动。在一个超过9个成员的欧洲企业委员会要另外成立一个理事会，其主管运行中的业务管理(EBRG 第 § 26 条)。

18.3 其它规定

法律包括关于其它的特别规定：

- 对趋势公司的专门规定；
- 有诚信的合作原则的确定；
- 维护企业和商业机密；
- 雇员代表的解雇金和职业保护；

19 发言人委员会法

领导层雇员可以根据发言人委员会关于领导层雇员的法规(SprAuG)选出一个发言人委员会。要求是在最少10个长期工作的领导层雇员的企业。如果企业有不足10个领导层雇员，这些雇员对于发言人委员会法的应用作为同一公司空间上满足最少工作人数前提的(SprAuG 第§1 II 条)下一个企业的领导层雇员适用。对于成立发言人委员会需要领导层雇员大多数通过的原则决策(SprAuG 第§7 II 条)。

发言人委员会有下列权限：

- 代表企业或公司所有领导层雇员的利益(SprAuG 第§25 I 条)；
- 关于停止、订立或者结束领导层雇员劳动关系的指导路线协定(自愿共同决定)，(SprAuG 第§28 条)；
- 关于工资设置或者其它一般劳动条件以及启动或变更一般评估原则的简报权(SprAuG 第§30 条)；
- 关于计划好的雇用或者领导层雇员的人员变更的信息权(SprAuG 第§31 I 条)；
- 根据SprAuG 法第§31 II 条，对每一个领导层雇员解雇的倾听权(在欠缺倾听情况下解雇无效)；
- 在企业和公司经济事务上的信息权(SprAuG 第§32 I 条)；
- 根据BetrVG 法第§111 条的意图对计划好的企业变更的信息权以及关于补偿或降低不利情况措施的建议权。

发言人委员会的成员为了他们的工作要在没有降低劳动报酬的情况下从其职业工作中被解放出来(SprAuG 第§14 条)。发言人委员会工作的必要费用由雇主承担(SprAuG 第§14 条)。根据SprAuG 法第§15 条发言人委员会应该每一日历年举行一次管理层雇员的集会。这应该在劳动时间里进行(SprAuG 第§15 条)。

发言人委员会的权力：

启动权	无
拒绝通过权	无
反对权	无
建议权	雇主和发言人委员会在共同会谈时协商： • 工资设置的变更 (SprAuG 第 § 30 条)； • 其它一般劳动条件的变更 (SprAuG 第 § 30 条)； • 启动或变更一般评估原则 (SprAuG 第 § 30 条)； • 对在计划好的企业变更时产生的经济不利情况的补偿或降低措施 (SprAuG 第 § 32 II条)
倾听权	雇主通知发言人委员会关于他的打算并且敦促他按期发表意见，关于： 雇主通知发言人委员会关于他的打算并且敦促他按期发表意见，关于： • 与企业委员会订立的涉及领导层雇员合法利益的协议 (SprAuG 第 § 2 I 条)； • 每一领导层雇员的解雇 (SprAuG 第 § 31 II 条)。
信息权	雇主告知发言人委员会其关于下列内容的计划 • 工资设置及其它一般劳动条件的变更 (SprAuG 第 § 30 条)； • 一般评估原则的启动及变更 (SprAuG 第 § 30 条)； • 领导层雇员的雇用 (SprAuG 第 § 31 条)； • 领导层雇员的人员变更 (SprAuG 第 § 31 I 条)； • 按照 BetrVG 法第 § 111 条的意图，当可能对领导层雇员造成很大不利时的企业变更 (SprAuG 第 § 32 II 条)； • 每日历年最少一次的关于企业和公司经济事务的发言人委员会简报 (SprAuG 第 § 32 I 条)。

20 残疾人的代表

在一个公司或者一个组织里有三个机关(功能载体)涉及职业整合及残疾人的特殊保护：

1. 企业或人事委员会或者相应的雇员代表以及级别代表(SGB IX 第 § 93 条)，
2. 在不同的组织级别里(SGB IX 第 §§ 94 ff. 条)的残疾人代表(可信赖的人)以及
3. 雇主的残疾代表(SGB IX 第 § 98 条)。

20.1 残疾人代表

在那些最少五个残疾人的、非短期工作的企业和办事处，要选一个可信赖的人及最少一个代理人(SGB IX 第 § 94 条)。他们要了解在企业或办事处工作的残疾人的利益。

选举资格
所有企业里或办事处在选举时工作的残疾人及同一级别的人。年龄、工龄及工种是不重要的。因此领导层雇员按照 BetrVG 法第 § 5 III 条的意思也是有选举资格的。

可选性
可选的是那些长期工作人员，那些在选举日满 18 岁的并且属于企业 6 个月的。不可选的是那些效力法不能被选为企业或雇员委员会的人。

一个联合残疾人代表要由残疾人代表选出，只要在一个公司存在一个联合企业委员会或者对于多个办公室存在一个联合雇员委员会(SGB IX 第 § 97 条)。如果残疾人代表只在一个由一个公司的多个企业选出时，那么它得了解联合残疾人代表在所有企业的权力和责任。

残疾人代表的任务和针对雇主及企业/雇员委员会被授予的权力在 SGB IX 法第 § 95 条里是明确的：

- 残疾人代表要推动残疾人在企业或者办事处里的融合。
- 它要代表在企业/办事处工作着的残疾人的团体和个人利益。

- 它要在所有事务上帮助单个残疾人并且对他与职业的融合特别是工作相关的事务提建议。
- 它要注意雇主履行根据SGB IX法第§§ 71, 72和81到84条的义务。

残疾人代表特别要观察维持为对残疾人有利而生效的标准，就服务于残疾人的措施在主管处提出申请并且对倡议及投诉进行考虑(SGB IX第§ 95 I条)。

残疾人代表要在那些涉及单个残疾人或者团体残疾人的所有事务上及时全面地进行通知并且事先倾听(SGB IX第§ 95 II条)。这关系到雇用、调任或者解雇以及所有其它涉及到残疾人或者通过残疾人被涉及到与其它雇员不同的决策。

残疾人代表也要被邀请参与经济理事会会议，并且按照BetrVG法第§ 74 I条、BPersVG法第§ 66 I条以及相应的其它人事代表法规定的意思被邀请参与所有在雇主和当时的工作者代表之间的所谓的每月会谈。最后残疾人代表可以由残疾人邀请除了工作者代表成员之外或者代替工作者代表成员审阅关于他的人事档案(SGB IX第§ 95 III条)。

可信赖的人有权咨询性地参与所有工作者代表大会和其理事会(BetrVG第§ 32条 , SGB IX第§ 95 IV条)。他可以申请把那些涉及单个残疾人或者作为残疾人团体的事务列入议事日程。他可以申请为期一周地终止一个决议，当它认为这个决定是严重妨碍残疾人的重大利益时或者雇主没有参与时(BetrVG第§ 35条， SGB IX第§ 95 IV条)。

残疾人代表可以在企业里或者在办事处最少每年一次进行残疾人的集会(SGB IX第§ 95 V条)。在这儿使用那些对企业集会(BetrVG第§§ 42 ff.条)和人事集会(BPersVG第§§ 48 ff.)条适用的规定。

对残疾人可信赖人的个人权力和责任的规定有与企业或雇员委员会成员相似的法律地位(SGB IX第§ 96条)。

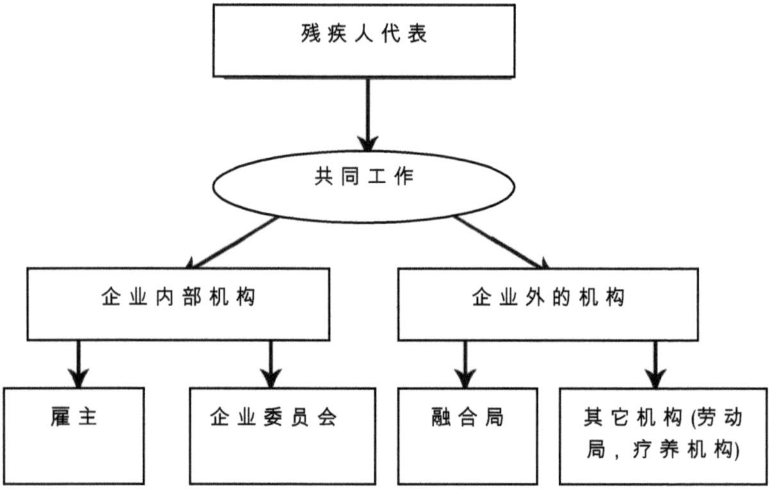

20.2 雇主的残疾人代表

雇主根据SGB IX法第gem. § 98条有义务委任一个或者多个残疾人代表，当对残疾人有工作义务或者将要工作时。代表应该有必要的专业知识。他要受雇主的领导并且在残疾人事务上进行代理。他要到融合局及劳动局进行登记(SGB IX第§ 80 VIII条)。

21 人事代理法

BetrVG 法在公共服务上不适用 (BetrVG 第 § 130 条)。这类工作人员的共同决定在联邦人事代理法 (BPersVG) 及相应的州人事代理法里作出了规定。它修缮企业劳资法的形式使之与公众服务的特殊形像和需求相适应。

BPersVG 法适用于联邦及联邦直接的组织管理、公众权力的慈善和基金会，以及联邦法院 (BPersVG 第 § 1 条)。BPersVG 法包括了对于州和乡镇服务人员在人事委员会成员保护上的范围规定和直接的规则；此外适用州人事代表法 (BPersVG 第 §§ 94 ff. 条)。法官有其自己的代表机构 (法官委员会、主席团，DRiG 第 §§ 49 ff. 条)。

人事委员会代表三个团体、公务员、公共服务的工作人员和雇员。所有三个团体单独地选举并且必须在人事委员会里代表 (BPersVG 第 § 19 条)。公共服务的共同决定的载体是人事委员会。它们一般在所有最少有 5 个有选举资格的工作人员的办公场所被建立，而其中三个是可选的。他们的任职时间总计四年。人事委员会在公共服务范围里有与企业委员会在私营企业里的相似功能。

概念对比 BetrVG / PersVG	
企业	办事处
企业主	办事处领导
企业委员会	人事委员会
企业大会	人事集会

21.1 组织

人事代表法与 BetrVG 法相比划分成组织部分 (BPersVG 第 §§ 12 ff. 条) 和规定人事代表法律机构，特别是人事委员会的参与权限的部分 (BPersVG 第 §§ 66 ff. 条)。法律上的争议由行政法庭裁决 (BPersVG 第 § 83 条)。

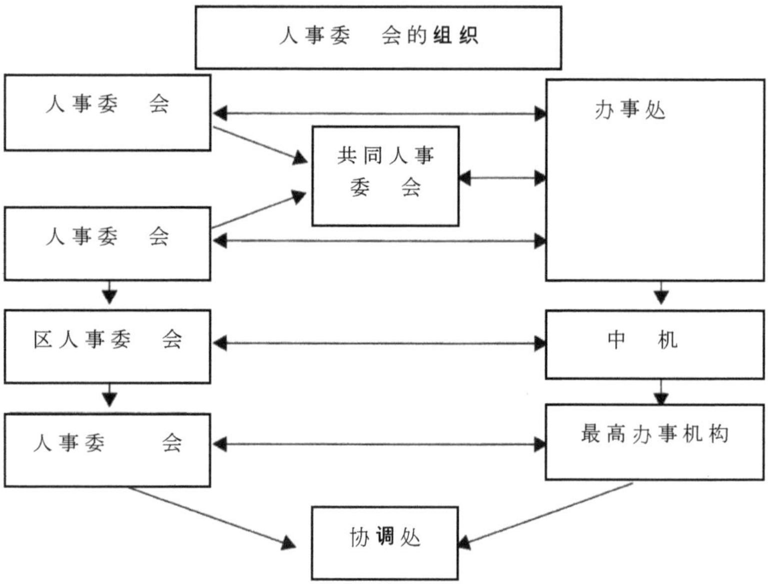

人事代表是通过它在机构组成定向的组织和决定结构来标志的，在这里上一级的机关可以给予下级机关指令。

区级和总人事委员会叫做级别代表(BPersVG 第 §§ 53 ff. 条)。对于多级管理的业务范围，在中级行政机关有区人事委员会被建立，而对最高办事机构则是人事委员会。哪一人事代表是主管要根据办事处在行政机关里组成的决定能力(BPersVG 第 § 82 条)。还有一个共同人事委员会，它从办事处分支机构和部分的人事委员会组成，有自己的人事委员会(BPersVG 第 § 55 条)。

针对各自行政机关的规则通过服务协定订立。这大部份相当于企业协定。当然它只在法律明确地这样规定时才是允许(BPersVG 第 § 73 条)。

与企业劳资法不同，人事委员会和办事处间的争议这样解决，即在有不一致时各自高一级别的办事处和级别代表被启动。只有当在最高办事行政机构的层面上也没有达成一致时，才可以向协调处投诉。由于公共服务领域的特殊性，在很多共同决定事务上不能有约束力地进行决定，而只是向最高办事处表达一个决定的建议。这特别对于公务员的人事事务适用。

21.2 参与权

简报、听证和协商权也同样如BetrVG法被建立。在人事代表里更重要的参与形式是：

参与 = 无共同决定地协商

共同决定 = 与协调处共同决定；这里如果不是有约束力地决定就是只建议。

要在三种参与权之间区分开：

共同决定权

同样资格的共同决定	有限的共同决定	关于公务员的共同决定
通过行政机构组成的不同级别后由协调处裁决（BPersVG 第 § 69 IV，71 条）	人事委员会只可以出于在法律里提到的理由拒绝同意（BPersVG 第 §§ 77 II, 79 I 条）	人事委员会可以拒绝同意；协调处只提出一个建议，最终由主管当局决定，（BPersVG 第 § 69 IV 条）
应用范围： 雇员的人事事务和社会事务， BPersVG 第 § 75 条	应用范围： 由工作人员和雇员的解约， BPersVG 第 § 70 条；人员个别措施， BPersVG 第 § 77 条，	应用范围： 公务员的人事事务

22 公司共同决定

公司共同决定是雇员对股份公司领导机构的参与。这涉及监理会和可能的董事会以及总经理。雇员代理在设计公司制度时有重要的信息权和直接参与公司的重要计划和决定。

监理会根据股票法的责任和权力：

- 委任和召回董事会成员及订立他们的雇佣合同(AktG 第 §§ 84 I, III, 112 条)；
- 对某些交易活动的同意(AktG 第 §§ 111 IV, 82 II 条)，特别是对属于有特殊商业意义的基本决定；
- 为了公司利益而召集总集会(AktG 第 § 111 III 条)；
- 与董事会一起确定年终决算(AktG 第 § 172 条)；
- 随时有权要求报告(AktG 第 § 90 III 条)；
- 对书、文件和有用的东西有审查和考核权。

这个形式的公司共同决定在三个法里面进行了规范：

22.1 1976 年的共同决定法

所有公司和合作社，以及长期超过2000个雇员的有限责任和合伙公司都属于这个法的范围。它包括一个在监理会里几乎同等的共同决定。股东(股东代表)代表的设置与雇员代表(职工代表)同样多。在他们的行列有外部的代表(工会)，以及内部雇员代表和最后总有一个领导层雇员的代表。"僵持"状态时给监理会带来双投票权，股东可以实现对他们的委任。

劳动经理必须为了了解职工的社会利益而属于共同决定的公司的董事会。然而这不必是雇员协会的代表。

22.2 1951 年的煤钢共同决定法

这个法规定了在采矿公司监理会的共同决定以及钢铁冶炼(非加工者)工业原则上超过1000个雇员或者这类公司的控股公司，其生产重点处于煤钢领域。

在里面确定了同等的共同决定。在股东和雇员协会方面的成员数目相同时，在所有这类公司也有一个额外由双方一致同意选出的中性成员属于监理会。他是天平上的指针，它在“僵持”状态时应该确保监理会在争议中的决议和功能的执行。

一个劳动董事也作为有同样资格的成员属于公司董事会。他不可以与雇员代表多数同意相反地在董事会被委任或调任(Montan-MitbestG 第 § 13 I 条)。

煤钢共同决定是最广泛的共同决定规则。

22.2.1 三分之一参与

对于属于不多于 2000 个雇员工作的而且没处于煤钢共同决定里的公司，适用在监理会雇员的三分之一参与(DrittelbG)。

对于相互性和合作的多于 500 个雇员的股份公司、有限责任公司、保险协会适用三分之一同等共同决定。监理会在这里只有三分之一来自雇员代表。如果雇员只有一个或两个监理会成员要选，那么这个代表必须是公司的雇员。只有当两个以上要选时(监理会 ≥ 9 成员)，工会代表也可以作为雇员代表被选则。

公司共同决定的形式

- **煤钢模式**
  - 适用于超过1000个雇员的采矿及炼钢工业公司。
  - 由股东代表和雇员有相同组成的监理会。
  - 监理会的中立主席。
  - 根据监理会的建议，然而在大多数不反对的情况下劳动董事被选进董事会。
- **三分之一参与法**
  - 包括多于500少于2000人的企业。
  - 监理会里有三分之一的雇员代表。
- **共同决定法1976**
  - 适用范围：多于2000人的公司。
  - 监理会一半由雇员代表一半由股东组成；领导层雇员的代表算雇员方。
  - 股东可以安排监理会的领导。
  - 相同票时监理会主席的两票。

23 劳动保护法

劳动保护法在广义上算总的法律规定，其目的是保护雇员不受到由其所处特殊场合产生的危险。这个危险一方面由在对劳动合同上法律安排的经济依赖性产生，另一方面由他用以带来劳动的技术装备、劳动材料和厂房产生。保护雇员不受这些危险的是涉及劳动合同订立及内容安排的规定。它首先涉及劳资协议和企业劳资法的范围，对这些的执行雇员必须针对雇主自己留意。这里也包括对雇主要作出事故和环境保护必要的措施的义务(BGB 第 § 618 条)。

此外由公共利益的职责施加给雇主的公共法律的规定也保护雇员。国家或者法定事故保险的受保人保证这些规定的执行，与雇员是否追究其法律权力无关。这些公共法律的劳动保护细则是劳动保护法要严格表示的意义并且把它的内容划分为社会和技术性的劳动保护。

属于所谓的社会劳动保护的要算健康及(或)劳动能力的维护以及为社会福利服务的劳动时间细则和为特别需要保护的人订立的细则(青少年、母亲、残疾人)。

技术性劳动保护包括针对使用技术所产生效果而保护雇员必须涉及的劳动保护措施。这里要算技术装备、劳动材料和劳动岗位设计。技术性劳动保护的任务是预防劳动事故，职业病及劳动造成的疾病。在社会和技术劳动保护之间的明显界限是不可能的。规定相互补充并且经常不可分割地相互联系。

23.1 社会劳动保护

23.1.1 青少年劳动保护法

青少年劳动保护法(JArbSchG)的目的在于保护青少年的健康、劳动力和生产能力。它适用于未满18岁人的工作(孩子和青少年的)以及处于职业培训或者与职业培训相似的教育关系中或者作为雇员工作、住家工作或从事类似的服务工作(JArbSchG 第 § 1 I 条)。简单的帮工劳动除外。

JArbSchG 法的规定以及由于其发布的法规属于公共法所以是强制执行的。

对青少年劳动保护的重要法规是:

- 关于禁止18岁以下人员从事有悖道德工作的法规,
- 关于根据青少年劳动保护而进行的健康检查的法规(JArbSchUV),
- 关于儿童劳动保护的法规(KindArbSchV)。

青少年从事有某种危险的工作是禁止的。属于这个范围的特别是超越青少年生产能力的工作以及那些有悖道德的工作(JArbSchG第§22 I条)。

禁止的工作同样有限制地适用于下列工作,

- 与事故危险相关的工作,普遍相信青少年由于缺乏安全意识或者缺乏经验而不能正确评估及防止,
- 那些由于特别的高温,低温或者强烈的潮湿而使青少年的健康受到威胁的工作,
- 那些由噪音、震动、辐射、威胁材料或者生物材料而使他们遭受有害影响的工作。

青少年原则上也不允许以计件方式工作以及其它通过加快劳动速度而可以获得更高劳动报酬的工作(JArbSchG第§23 I Nr. 1条),以及那些他们的工作速度并非偶尔加以规定或者以其它方式受到强迫的工作(JArbSchG第§23 I Nr. 3条),比如传送带上的工作。青少年原则上还不允许在成年人的组里做这样的工作(JArbSchG第§23 I Nr. 2条)。

青少年不允许每天超过8小时以及每周超过40小时工作(JArbSchG第§8条)。他们只允许每周五天即周一到周五工作(JArbSchG第§15条)。周六(JArbSchG第§16条)以及周日(JArbSchG第§17条)原则上不允许青少年工作。这个禁止并非适用于所有工作。对于参加职业课程和考试的,雇主要免除青少年的劳动(JArbSchG第§9条)。

劳动时间超过41/2到6小时要提供给青少年最少长达30分钟的休息,超过6小时长达60分钟的休息。每日劳动时间结束后,青少年不允许在最少12个小时的连续休息时间满之前工作(JArbSchG第§13条)。青少年的休假时间(25到30个工作日)是根据年龄被分级的(JArbSchG第§19 II条)。

雇主要采取措施和行动保护青少年不受到生命和健康的威胁以及避免妨碍青少年身体或心灵和精神的发展而必

要的措施(JArbSchG 第 § 28 I 条)。他要在开始工作前就事故和健康威胁以及避免这些威胁的装置及措施对青少年进行教导。青少年劳动保护法里包括了对青少年健康照顾的专门规定。

23.1.2 母亲保护法

母亲保护法(MuSchG)在生产前后使妇女和儿童得到特别的保护。这通过从保护妇女不受太强烈的体力负担到完全免除劳动(特别通过生产六周前以及生产八周后，早产和多胞胎生产十二周后的母亲保护限期)而实现，通过处于母亲保护的妇女的解雇保护，以及通过提供款项而使生活得到保障。

为保护孕妇及未出生婴儿，雇主有义务为这个情况设置相应的劳动岗位(MuSchG 第 § 2 条)。个别情况下被通知的监督机构也可能给雇主定出要求，即他必须采取或注意哪些措施来保护孕妇的健康。

下列责任被法定地施加给雇主：

1. 劳动岗位的设置和维护，机器、工具和设备也属于这个范围，他要采取预防措施和行为保护准母亲的生命及健康。法律没有给出在单个情况下这些预防措施存在于哪里(MuSchG 第 § 3 I 条)。
2. 如果怀孕的雇员在工作中要不停地站着或走着，那么雇主必须提供可以短暂休息的坐具。如果怀孕的雇员从事与之相反的坐着的工作，那么她得有机会动一动(MuSchG 第 § 2 I, II 条)。

MuSchG 法保护准母亲及产妇大部分通过

- 对所有怀孕雇员适用的一般劳动禁止，以及
- 在具体单独情况下与怀孕雇员的健康情况相关的特殊劳动禁止。

母亲保护法的有些劳动禁止只适用于怀孕期间，而其它的直到生产之后。对一些相对的劳动禁止(比如生产前的母亲保护限期)雇员可以放弃，而对绝对的劳动禁止(比如生产之后的母亲保护)就不可以放弃。

所有劳动禁止都不允许雇主让怀孕的雇员或者哺乳的母亲实质性地工作。在劳动禁止期间雇员可以拒绝劳动而不损害到她的责任。劳动禁止不涉及劳动关系的持续-所有的权力和责任继续存在。

特殊劳动禁止的具体化包括在劳动岗位上的母亲保护法规里。

23.1.3 残疾人法

残疾人在劳动关系里通过社会法典 IX (SGB IX) 享受特别的保护。这个保护涉及进行中的劳动关系，在其中包括了比如更高的解雇保护，特别的休假和增加工时工作规则；另一方面它也应该在残疾人寻找工作岗位时给予支持。这个目标要通过下列措施来达到，即当工作人员达到一定数目，而如果雇主雇用的残疾人没有达到一定数目时，雇主就要被加以缴纳平衡税的任务。

此外雇主必须

- 占用和调换每一个工作岗位或者培训职位前检查是否这个位置可以由残疾人或者同级别的人占有 (SGB IX 第 § 81 I 条)；
- 残疾人代表要参加这个检查并且倾听现有企业委员会的意见。如果在雇用前没有进行检查，是否空缺的职位可以由一个残疾人占有，企业委员会可以拒绝同意雇用。这个责任损害意味着违反 BetrVG 法第 § 99 II 条的法律规定；
- 与残疾人代表一起讨论残疾人的申请而且把其意见告知企业委员会或者人事委员会。当残疾人明确反对残疾人代表参加时，就不要进行讨论 (SBG IX 第 § 81 I 条)；
- 让残疾人从事这样的工作，即尽可能地利用他们的能力及知识并且可以进一步得到发展。这里必须优先考虑通过企业内部的职业进修措施促进他们的职业发展。参加企业外部的行动必须在合理的范围内被减轻 (SGB IX 第 § 81 IV 条)。对造成的损害可能导致赔偿要求资格;
- 这样帮助残疾人，即他可以通过相应的工作使用他有限的工作能力 (SGB IX 第 § 81 III 条)。违反了这个责任同样可以导致赔偿要求资格；

- 工作空间、企业装置、机器和仪器要这样安排和维护并且对企业要这样规定，即规定数目的残疾人至少在他们的企业里长期可以找到工作；
- 特别注意发生事故的危险；
- 推动非全日制工作岗位(SGB IX 第 § 81 V 条)；
- 劳动岗位要配备必要的合理的技术上的辅助工具(SGB IX 第 § 81 IV Nr. 5 条)。

23.2 技术性劳动保护

德国劳动保护的一个特别性是法律标准不只由国家设定，而且也由有法定事故保险的人(同业工伤事故保险联合会)给出。这里在劳动保护法里根据法规设置机关有两条轨道性。

国家的劳动保护法很大程度上涉及联邦的法律和法律规定。同业工伤事故保险联合会被要求提供用以预防劳动事故和为了有效紧急救援的所有适合手段。为了这个目的同业工伤事故保险联合会有独立的章程法规并且可以就下列事项颁布事故预防规定

- 公司为了预防劳动事故要提供的公共设施、规定和措施，
- 保户为了预防劳动事故而必须的行为，
- 为预防劳动事故而对保户的健康检查(职业病也算在内)。

预防事故规定只约束各自的同业工伤事故保险联合会。然而雇员工作的所有公司，其原则上是同业工伤事故保险联合会成员并且同时给出事故预防规定，也通过这个规定确保了存在一个广泛的雇员保护。

同业工伤事故保险联合会根据行业划分并且作为公共法的组织除预防事故的任务之外还有事故保险。他们的机构、董事会和代表大会同样由雇主和保户代表组成。作为同业工伤事故保险联合会的成员是必须的。

23.2.1 劳动保护的规定范围

现存多于40个涉及劳动保护的法规。此外还有州法律规定，其多半与建筑法有关。规定的重点一方面是机器和劳动材料，另一方面是劳动时间或者企业的组织。技术性规定首先有下列作用，即在机器和设备的计划和设计阶段已经考虑到安全状况。其它法规也表达了对单个工作岗位或者使用比如化学药品的安全和保健的最低要求。特别重要的是企业安全法规，其规定了对有需要进行监控的设备提供工作手段及其使用和操纵(BetrSichV)。

同业工伤事故保险联合会的规定(大约150个)对比如下列行业设有危险标志：服装制造工业或者化工机器、起重机、喷漆设备、挖掘机、自动传送机、紧急救援。

就法律及事故预防规定通常颁布有法规、管理细则或者执行说明。这包括具体的陈述，比如在法律或者事故预防规定里规定的保护目的及要满足的要求。

所有这些规定制订了一个所有公司都要满足的最低标准。然而它们作为抽象的范围规定大部分还有被具体化的要求，国家的规定和事故预防规定不可能总是把安全技术活动的所有必要的细节都进行规定。对这些细节需要专家的进一步工作。所以BetrSichV法就使用工作手段以及企业有监控需要的设备提出技术装备的状况作为统一的安全标准。这些标准由经济的自我管理组织拟就并且以规则手册的形式概括出来。这类机构有例如德国标准研究所(DIN)，德国电工联合会(VDE)以及德国水、气专业人员协会(DVGW)。

规则手册包括质量标准以及有安全技术内容的标准。后者被标志为<<安全技术的规则>>。如果它们被证明并且实际上得到实施了，那么它就涉及一般公认的安全技术规则。许多劳动保护法规指出，当没有可以使用的最低等值的或者安全技术上更好的办法时，那么这些规定在个别情况就是有约束力的。

技术性劳动保护的规则范围在内容上被划分为下列5个工作范围：

- 工作场所，包括企业保健；
- 工具、设备、机器、技术设备、机车；
- 危险品；
- 个人保护技术装备；
- 企业里的劳动保护组织。

23.2.2 劳动保护的监控

从国家劳动保护规定的角度考虑，公共法里劳动保护法执行的监控原则上由州确定的机关(劳动保护机关/行业监督机构)负责。

这些行政机关特别被授权监控保护规定的执行并且出于这个原因检查公司及其装备。行业监督机构应该就劳动保护的执行对公司提供意见并且与所有公司的机构，特别是企业委员会共同工作。在劳动保护范围内有不足及违反规定时，行业监督机构可以负责消除(命令)。在个别情况它们可以根据州法律使用授权的强制工具。这是定期的赔偿实施(也就是实施由雇主负担费用的、要强制执行的措施)，确定强制性罚款以及直接强制。此外他们可以对全部或者部分的设置进行指定以及启动违反条例诉讼程序。行业监督机构的其它任务被指派为批准机构(比如蒸汽锅炉设备)。

除了根据州法律主管的行政机关外，事故保险的保户要通过技术监督局监控事故预防的执行，要对他们的成员提供意见以及要执行由事故预防规定对个案的指示或者预防特殊事故或健康危险的个案规则。

23.2.3 企业劳动保护的组织

对企业的劳动保护组织具有核心意义的是劳动安全法(ASiG)。据此企业主不仅必须指定厂医而且还必须聘任劳动安全的技术专业人士并且对他们委以法律提到的任务(ASiG 第 §§ 2 和 5 条)。

厂医和技术专业人士要

- 帮助雇主和其它责任人员就所有关于健康保护及包括人性化的劳动设置在内的劳动保护问题；
- 检查企业设备和技术性劳动工具特别是开始运转前以及在推广安全技术前的劳动程序；
- 关注劳动保护的执行和事故预防并且定期巡查劳动场所及对发现的不足之处通知雇主并且对改进提出意见；
- 检查身体保护工具的使用；
- 调查劳动事故的原因；
- 教会雇员并且使工作人员采取合乎劳动保护要求和事故预防相应的行为。

厂医还有额外的任务，即进行工作医疗检查。此外对助手就“紧急帮助”进行使用规划及培训。工作范围不仅涉及事故预防而且也以工作的人性化设置为目的。这个任务包含一个广泛的劳动保护概念：劳动任务据此应该与雇员的工作能力相适合(劳动的人性化)。

为确保企业代理人之间的经验交流以及他们工作的相互协调，同时要建立一个安全委员会，在其中除了专业人士，企业主和企业委员会也在场(ASiG 第 § 11 条)。作为其它的组织，法律规定企业的雇员为安全委员，其在现场维护劳动保护及事故预防(SGB VII 第 § 22 条)。

劳动保护委员会的组成

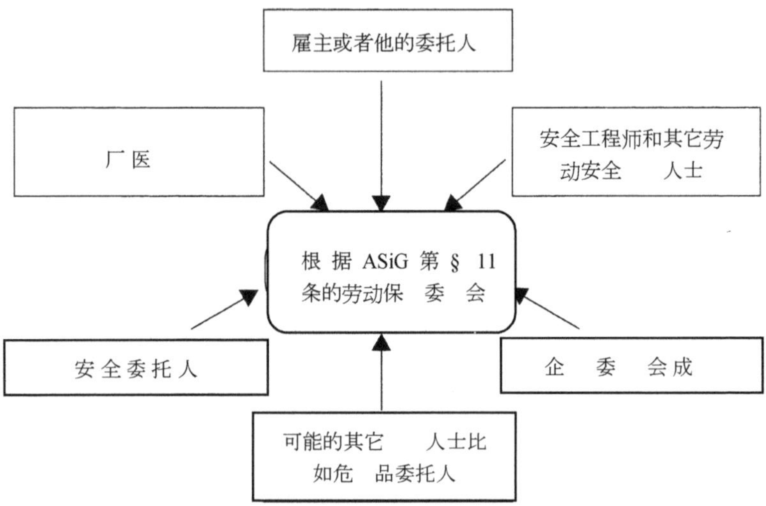

企业委员会除了与安全委员会共同工作之外还有其它任务(BetrVG 第 § 89 条)。他们是：

- **监控功能**关于为利于雇员而颁布的法律、法规、事故预防规定、劳资协议和企业协定；
- **设置功能**它向雇主申请为企业和职工服务的措施；
- **共同决定任务**关于劳动保护和事故预防事务的企业规定；
- **支持任务**对劳动保护机关的；
- **信息权**涉及关于劳动保护和事故预防而规定的义务以及的企业外的机构、事故报告、勘察等等。

23.2.4 劳动保护的职责

原则上雇主(企业主)对劳动保护的措施负有责任(ArbSchG 第 § 3 条)。但是在中型企业，企业主自己已经不能照顾到个别的措施和工作。因此原则上对某些个别职责和职责目录的管辖权可以并且必须转嫁给企业的领导人员(ArbSchG 第 § 13 条)。这通过相应的劳动合同设置以及有效组织结构的建立来实现。

职责通过相应任务的转嫁及指派必要的决定资格从委派人换到受委派人身上。这在企业主的法律地位上无限制地发生并且因此对可能的错误决定以及由此对民法和公共法的后果负有责任。原则上委派人只在下列范围被使用，即当他在选择受委派人时没有检查容许前提时，转嫁没有在必要细致的情况下进行或者它缺乏必要的监控。受委托人如果没有适当地履行转嫁给他的职责，那么企业主必须把他替换掉，在这种情况下职责转嫁所谋求的目的没有达到而由此使企业主继续负有责任。

重要的企业受委托人是：

- 厂医
- 劳动安全专业人士(安全专业人员)
- 废料方面的企业委托人
- 特别废料方面的委托人
- 生物安全的委托人
- 环境保护委托人
- 防火委托人
- 数据保护委托人
- 危险物委托人
- 企业污染保护委托人
- 保健委托人
- 激光保护委托人
- 河流保护委托人
- 质量委托人
- 安全委托人
- 辐射保护委托人
- 故障委托人

24 劳资协议法

通过劳资协议各方订立劳资协议是宪法结盟自由的一部分 (Art. 9 III GG)。集体合同各方在它们的劳资协议主管性和能力的范围内自己确定它所涉及劳资协议在哪个时间、地点、专业以及个人的使用范围内生效。劳资协议的哪一规定对象内容可以通过劳资协议法 (TVG) 被确定。

劳资协议是一个在可以达成劳资协议的各方间书面订立的合同，其主要规定了劳动关系的内容。劳资协议的达成根据 BGB 法关于合同签约的细则判断 (BGB 第 §§ 145 ff. 条)。如果违反了 TVG 法第 § 1 II 条的书面形式要求则导致劳资协议的无效 (BGB 第 § 125 条)。

集体合同的各方是工会、单个雇主以及雇主的联合会 (TVG 第 § 2 I 条)。上级组织也可以订立集体合同，当缔结合同属于它们的章程规定任务的时候。

在 TVG 法的意义上为了作为联盟达成劳资协议有必要：

- 联盟必须要按照章程规定的任务代表劳资协议方成员的利益并且想要订立劳资协议。它必须自愿组成、是无反对者的、独立的、在企业之上组织的并且把生效的工资协议法作为有约束力的来承认。
- 联盟必须对社会性对手具有足够的执行力量 (= 社会强势)。

24.1 劳资协议的内容

劳资协议规定了涉及劳资协议各方自己的法律关系 (= 债务法决定) 以及劳动关系内容的规则 (= 规范决定)。

劳资协议

债务法部分	规范部分
• 劳资协议各方涉及劳资协议订立、执行和结束的法律和责任 • 安定义务 • 可能的仲裁协定 • 影响义务	• 关于内容、订立和结束劳动关系的法律标准 • 涉及企业和企业法律问题的法律标准

24.1.1 劳资协议的债权法部分

债权法确定只涉及劳资协议各方自己并且不直接对单个劳动合同产生作用。它们可以含有每项民法允许的内容。除了这个债权法义务在每个劳资协议里存在两项强制义务。即使当劳资协议没有包含明确协定时，它们作为不言而喻地、劳资协议各方相联系的协议而存在：

- **安定义务**
- **影响义务**

安定义务是为了维护劳动安定的需要。只要存在工资协定的规定，那么劳资协议各方就有义务停止每一针对劳资协议存在的斗争行为(=负面的组成部分)。它们也即不允许怂恿其他人的劳动斗争，也不允许支持这些行为，反而是有义务运用许可的方法针对危及劳资协议的斗争行为采取行动(=正面组成部分)。

影响义务需要对协会成员就协议忠诚进行影响，也就是劳资协议法定行为和执行在劳资协议里约定的措施。

24.1.2 劳资协议的规范部分

它的规范确定构成了真正的劳资协议的劳动法内容。与债权法部分相反，这里下列细则被设置了，即哪些规定了法律关系，特别是参与的协会成员的劳动关系也就是雇员和雇主单个的劳动关系。

根据劳资协议的类型在工资和薪金范围协议，集体工资协议以及劳资框架协议或者劳资总协议之间是有区别的。

劳资框架协议	集体工资协议	劳资总协议
劳资框架协议规定了总的劳动条件如雇用和解雇、工资和薪金的估算和支付形式、劳动时间、延长工时工作、缩短工时和换班劳动、值班、电话值班、假期问题等等。	工资和酬金劳资协议确定劳动报酬的数额。雇员那些只与劳动能力挂钩才有资格要求的津贴不属于劳动报酬，特别是为了外勤形像而产生的高额成本、分居补贴、住宿费、交通费报销、探亲路费及其它出差旅费。	劳资总协议确定估算办法，在其基础上报酬的最低标准被确定了。特别是单个工资和薪金分组的定义、对能力的津贴原则和其它额外的报酬如额外负担津贴、分入组里的原则和分出组织的酬金保险。

劳资协议由于它们的规范特点就如法律与基本权相关。它们的内容不允许损害比如平等原则(Art. 3 GG)、联盟自由(Art. 9 III GG)以及职业自由(Art. 12 GG)。

一个劳资协议对某些劳动关系的适用前提是劳动关系包括在劳资协议的适用范围里(TVG 第§4 I条)。适用范围要在时间、空间、专业和私人方面分开。再者各方必须是与集体相联系。工资协定性在下列情况就产生了，即当雇员和雇主是达成工资协定的那个协会(TVG 第§3 条)的成员时。这样雇主有权把工资协定相关的雇员和其它雇员区分开。在这个不同的协商里即没有损害忠诚和信任原则(BGB 第§242 条)也没有损害照顾义务以及平等对待原则。

24.2 有一般约束力的劳资协议

劳资协议的一般约束性的解释是使工资协定扩展到外部的手段。从而所有在合同适用范围内的雇主和雇员与合同的规范部分相联系，即使当他们不属于订立合同的任何一方(TVG 第§5 条)。前提是：

- 存在一个有效的劳资协议。
- 劳资协议必须对至少所有雇主的半数本来就已经适用，因为他们属于雇主协会。
- 一般约束的解释必须出现在公共利益所必须的情况下。
- 必须有劳资协议方对一般约束解释的正式要求。

一般约束解释时的程序是联邦劳动局主管。它可以把它的权限转嫁到州劳动局。如果它批准了申请，那么它就与由协会领导机构委任的雇员和雇主代表各3人组成的工资协定委员会的批准相联系。

一般约束性的结束有三个可能性：

1. 一般约束性可以根据相同程序在被澄清之后再被取消。
2. 一般约束性在劳资协议结束时自动结束。
3. 一般约束性在合同更改时由合同各方对更改的规定进行取消。

经常有解释为一般约束的劳资协议的经济组织：

- 花园、园林绿化和林业，
- 矿石和土壤、制陶业和玻璃方面的手工业，
- 木工方面的手工业，
- 营养和品味享乐品工业，
- 建筑业，
- 贸易，
- 餐饮及酒店业，
- 清洁及身体护理，
- 出版业，
- 保镖业。

24.3 直接性和绝对性

劳资规范对单个劳动关系产生作用而不需要有由劳资协议相关的雇员和雇主的意愿一致、赞同或者了解。这个作用就叫做直接性。

此外还有绝对性 (TVG 第 § 4 III 条)，意味着劳动合同的各方原则上不可以作出与劳资协议不同的决定。通常在法律生活里适用的合同自由通过劳资协议在这个范围受到了限制。每个与劳资协议的内容相对立的协定原则上都是无效的。

在下列两种情况下绝对性被排除 (TVG 第 § 4 III 条)：

- 当劳资协议的各方允许与劳资协议有不同或者
- 当不同是对雇员有利时。

24.4 劳资协议效力条件的消逝

此外劳资协议法律的绝对性通过 TVG 法第 § 4 IV 条的决定受到保护，根据这个决定劳资协议效力条件只有在下列情况有可能消逝：

- 由于明确的劳资协议的约定，
- 超过时效，
- 当以调解形式出现弃权，而它是劳资协议各方同意的。它所涉及的是诉讼的还是非诉讼的调解在这里是同样生效的。

24.5 劳资协议的结束

劳资协议结束于

1. 只要它的签定是带有限期的，当到了提到的限期时，
2. 通过劳资协议各方的约定，
3. 不存在限期时通过劳资协议中一方的解约。

劳资协议不由于雇主退出订立劳资协议的协会而结束(TVG 第 § 3 III 条)。

24.6 劳资协议的余后效力

劳资协议结束的影响对社会各方以及劳动合同各方是不同的。原先由强制部分规定的权力和义务特别是安定义务和影响义务立即消失的同时，由规范规定的权力和义务还保留(= 劳资协议的余后效力，TVG 第 § 4 V 条)。劳资协议的规范继续生效直到它由另外一个协定所替代(企业协定或者单个合同的协定)。

如果在自愿基础上不能达 成对消除余后效力的一致性，那么就只剩下解除劳动合同，特别是变更解约了。

然而余后效力不涉及所有规范。所以比如订立规范(劳动关系的建立)就没有余后效力。劳资协议的确定也只可以对这类劳动关系发生余后效力，即对那些已经在合同产生的过程中就产生影响的，对那些在其结束后才签订的不产生影响。

24.7 雇员派遣法 (AEntG)

雇员派遣法(AEntG)规定外国公司派遣雇员到德国的情况。

AEntG 法的目的在于面对来自外国服务提供者不断上升的竞争压力要使相应行业的德国公司受到保护。

AEntG 法突出下列规则：

- 派遣的雇员在最低工资，休假时间以及休假津贴方面服从通用的有效声明的劳资协议。外国公司服从带薪休假程序。租赁者也明确地包括在内。
- 劳资协议的最低条件也可以通过法律规定的途径涉及派来德国的雇员。

- 外籍雇主对其在德国的雇员也有广泛的登记、记录及保存的义务。
- 根据AEntG法第§1a条的通用公司手册使企业主有义务为其工作的下属企业主支付最低工资并且为劳资协议各方的共同设置缴纳一定款项。

违反规定将面临高达500000或者25000欧元的罚款。

根据AEntG第§6条定户由2500欧元的较轻罚金起在一个合理的时间里在证明重新得到信赖前不给予政府采购合同。

目前由于雇员派遣在电工方面的手工业、建筑行业及拆除业、油漆及喷漆方面的手工业、屋顶工作的手工业、邮递工作以及建筑物清洗业存在有效的以及通过法律规定有约束力的最低工资劳资协议。

25 劳工斗争

如果劳资协议各方在有矛盾时不能达成一致，那么他们还有劳工斗争作为最后的手段。雇员一方的劳工斗争手段在这时是罢工，雇主则是闭厂。

25.1 罢工

罢工是一定数目的雇员共同地和有计划执行的停工，通过产生的压力达到某一斗争目的并且在结束斗争后继续开始工作。从这一角度讲，裁决对罢工的合法性规定了下列要求：

工会的组织

罢工只允许通过工会为订立一个劳资协议而进行。如果不是这种情况，那么它就涉及“未经允许的罢工”，是违法的。

法律许可的斗争目的

罢工的目的必须是签订一个劳资协议，也就是只有当劳资协议的可调节点是有争议的并且工会要对雇主方参加压力时，罢工才可以进行。政治目的的实施、为了对政府施加压力的示威罢工或者同情罢工是不允许的。

对安定义务的重视

只有当安定义务不再存在时罢工才是允许地。只要劳资协议有效，那么劳工斗争措施就是禁止地。这也适用于当劳资协议各方约定了一个调解劳资协议争议的协调处时。要在罢工实施前遵守在这样的约定中包含的限期。

必须原则

这里作为原则适用“乌蒂玛原则”。也就是只有当劳资协议协商失败时，即工会不能与雇主(雇主协会)达成一致时才允许罢工。协商失败不需要正式的声明。在协商失败前已经可以进行一个短暂的警告性罢工(威胁的姿态)。

公平性

罢工必须根据公平斗争的规则进行并且不允许以消除对手为目的。属于进行公平斗争原则的特别是不发生恶劣的、违背事实的或者煽动性的斗争宣传，武力恐吓以及不使用武力。如果工会故意违反这些原则那么就造成所有的罢工违法。

进行公平斗争的原则也使工会在为了避免不相称的损害或者保证公共安全有必要时产生了设置紧急服务处的责任。特别属于紧急服务工作的是所谓的保护工作，即在必要时保护设备和企业工具。

恢复劳动安定

罢工结束后劳资协议双方必须为尽可能快和全面地恢复劳动安定作出贡献。

对法定争斗禁止的重视

罢工不允许触犯法律。所以企业法令的罢工 (BetrVG 第 § 74 II 条) 以及公务员的罢工 (Art. 33 V GG) 是违法的。

25.2 闭厂

闭厂是由一个或多个雇主为了某个斗争目的而有计划地有限期或无限期地不让所有或者很多雇员参加工作。只以针对工会成员而放过无组织雇员而进行的闭厂是违法的 (违反结社自由)。

对于它的合法性就如同罢工也适用相同的原则：

- 闭厂必须用于达到斗争目的和之后的劳动安定适合的并且是必须的。它只可以是最后可能的办法。
- 要重视公平斗争的规则；闭厂不可以为了消除异己而安排。
- 必须把劳资协议领域长期作为适当的斗争范围界限来看。通过闭厂来扩大斗争领域以建立协商平衡通常是不必要的。
- 被禁止工作人员的数目必须与罢工人数相当。
- 劳资协议各方在闭厂结束后必须为了尽快和广泛地恢复劳动安定作出贡献。

闭厂后要决定在斗争目的达到后是否应该敦促雇员再接受工作 (= 终止闭厂) 或者要就再次雇用进行协商 (= 解除闭厂)。

解除闭厂相对于终止闭厂是雇主方继续斗争的手段。根据相称原则只有当终止闭厂对于达到雇主方的经济目标显得不足时才是允许的。

25.3 对劳动关系的影响

劳工斗争对于劳动合同各方权力和义务的影响取决于当时的劳工斗争措施是否合法。

劳动关系不会由于合法的罢工就解除，而只是暂停。它暂停了双方的权力和义务：

- 参加了罢工的雇员没有报酬或者薪金。
- 休假终止于参加罢工。如果雇员外出并且罢工在他的回程之前就结束了，那么他就是旷工。假期薪酬及渡假津贴在罢工期间不予支付。
- 罢工者生病期间无获得继续支付报酬的资格。
- 罢工者没有向雇主要求母亲津贴补助的权力。

雇员参加合法罢工并没有赋予雇主无限期解雇的权力。反之雇员参加合法罢工也并没有赋予罢工的雇员损坏雇主财产或 者暴力袭击上级领导和愿意工作雇员的权力。阻碍进出货物和客户也是禁止的，还有阻止愿意工作的雇员进入企业以及仅仅去说服其参加罢工。

如果罢工是违法的，那么在斗争的阵营之间就产生了停工赔偿以及最终的损害赔偿的获得资格。

参加违法罢工的雇员就是作出了违反合同的行为。如果雇员采取了过失行动，也就是在他了解产生了违法性罢工的情况下，那么雇主可以无提前通知限期地解雇他。对于执行违法罢工的工会和有违法参加罢工的雇员，即使只是疏忽造成的，雇主可以提出损害补偿要求。

在合法终止闭厂期间双方的合同要求的主要责任也暂停。闭厂结束后雇主 必须在企业可能的范围里取消停职并且容许那些被停止工作的雇员重新工作。在停职闭厂期间，单个雇员可以随时无限期或者按规定限期地解除劳动关系。在劳工斗争的范围不适用KSchG法第gem. § 23条。还有MuSchG法第§ 9条也不适用。

在劳动关系通过解除闭厂而被有效结束的情况下，只有当符合公平的考量时雇主才可以拒绝重新雇用。通常只有当所涉及雇员的劳动岗位最终由其它方式被占有或通过企业行为而取消时才属于上述情况。

在违法闭厂的情况下所有劳动关系规定的权力和义务继续存在；也就是雇员有权要求劳动和报酬。如果雇主拒绝工作，那么他就处于受领延迟，而雇员根据BGB法第

§ 615 条除了报酬获得资格外还有正常或者非正常解约的权力。

25.4 对第三方的法律后果

没有参加罢工雇员的劳动关系无变更地继续存在。如果雇员由于罢工不能做工作，那么他有义务承担其它可以胜任的工作。这不适用于“破坏罢工者工作”，也就是一般由罢工者提供的工作。对于愿意工作的雇员，只要他们的劳动由于罢工成为不可能时就没有要求工资的权力(比如由于部分罢工而使整个企业停顿)。

劳工斗争的影响可能也扩展到没有直接参与劳工斗争的第三者 (局外人)。

当罢工的影响在没有罢工的企业可能对进行斗争各方的力量对比起作用时，比如间接涉及的企业的主管协会与进行斗争协会相同或者组织上紧密相连时，在没有罢工的而由于罢工 (比如缺少材料) 不能工作的企业的雇员无权在取消工作期间要求报酬。企业委员会对于确定哪些雇员在哪些范围中断工作有共同决定的权力 (BetrVG 第 § 87 I Nr. 2, 3 条)。当由企业委员会所代表的部分职工自己罢工或者被禁止工作时，这个共同决定权由于企业委员会的中立义务在劳工斗争 (BetrVG 第 § 74 II 条) 中就取消了。

远距离影响所涉及的雇员是否得到缩短工时津贴决定于所涉及雇员是否在一个空间和行业要划归于劳资协议的有效范围 (SGB III 第 § 146 I 条) 的企业工作。同样下列情况下也无权要求劳动 (SGB III 第 § 146 III 条)，

1. 当所涉及雇员在一个空间上不是而行业上是被划归斗争中的劳资协议有效范围的企业工作时，
2. 当在那里一个与劳工斗争的主要要求方式和范围相同的要求被提出，而不需要与他们相一致时，
3. 当根据所有设想的劳工斗争结果在非争斗劳资协议的空间适用范围大部分被接受时(代理劳工斗争)。

25.5 劳工斗争和企业委员会

雇主和企业委员会不允许相互针对地采取劳工斗争的行动 (BetrVG 第 § 49 条)。然而企业委员没有由于它的职责而被阻止作为雇员的特征参加其工会组织的罢工。

罢工企业委员会的影响权在劳工斗争期间暂停，不管参加罢工还是因此可能损害斗争平等。因此只要它是由于劳工斗争是必须时，那么在罢工期间劳动秩序的改变、劳动时间问题、人员措施等等就无共同决定。

是否容许在罢工期间召集企业集会决定于是否企业的安定得到了保障。为了推动罢工而进行的集会不是企业集会。

26 劳动法院的司法管辖权

劳动法院的司法管辖权建立了一个从通用民事法庭管辖权分离出去的独立的判决分支。除了共同司法制度的原则外适用劳动法庭法规的特殊规则 (ArbGG)，由于与通用民事法庭管辖权的程序的相似性很大程度上参考了法院组织法(GVG)和民事诉讼法(ZPO)的程序。首先要注意ZPO法物质上法定对劳动收入扣押限制(ZPO第§§ 850 ff. 条)的确定所提供的提示。

劳动法庭法首先规定劳动法庭的主管性，其建立、程序的操纵以及各方权力和程序代理。

26.1 处理劳动诉讼的法院

处理劳动诉讼的法院叫劳动法院(ArbG)，州劳动法院(LAG)和联邦劳动法院(BAG) (ArbGG第§1条)。在组织方面，劳动法院受社会部及劳动部领导。

处理劳动诉讼的法院在所有三个主管合议庭，其既有专业法官也有 同等资格的名誉法官。主席原则上只单独宣布非口头协商产生的决议和法令。专业法官作为主席必须具有法官职务的资格。在合议庭总是有两名名誉法官工作，这里必须一个来自雇主圈子而另一个来自雇员圈子。名誉法官根据雇主和雇员协会的提议被聘用5年(ArbGG第§§ 16 II、35 II条)。

ArbG在任何情况下都是主管法院(ArbGG第§ 8 I条)。LAG是最高的州法院。它们就如劳动法院划归议会并分配有一个主席和两个名誉法官。它们主管两方面诉讼

- 针对ArbG判决的上诉(ArbGG第§ 8 II条)以及
- 针对ArbG决议的抗议(ArbGG第§ 8 IV条)。

BAG是第三方也是劳动法庭管辖权的最后主管部门。它被划分为判决委员会。每个判决委员会有5名法官工作：主席，其它2名专业法官陪审员以及两名名誉法官。与ArbG和LAG相反，专业法官主导(ArbGG第§ 41 II条)。BAG主管下列事务：

- 针对LAG判决的复审以及针对劳动法庭的越级上诉(ArbGG第§§ 8 III、72、76条)，
- 针对拒绝上诉的立即抗议(ArbGG第§ 77条)，

- 对在判决程序中判决的法律异议 (ArbGG 第 §§ 8 V、92 条)，
- 不批准抗议或者法律异议 (ArbGG 第 §§ 72a、92a 条)。

26.2 诉讼的方式

劳动法庭的程序与其它法庭程序相比表现出一些特殊性，其承担劳动法庭诉讼帐单的需要。所以劳动法官也由名誉法官承担；在第一审级不存在强迫使用律师并且对于败诉一方不存在给对手承担费用的义务。另一个特殊性是，在提出起诉后立即出现所谓的和解审理，即尝试和平地解决争端。

ArbGG 有 2 个不同的程序方式：

- 判决程序和
- 决议程序。

判决程序较为常见 (ArbGG 第 §§ 46 ff. 条)。在这里法官按照惯例对雇主和雇员之间由于劳动关系而产生的权力作出裁决。裁决以判决的形式表现。这个程序与民法程序在初级法院和州法院的情况相似但有例外。

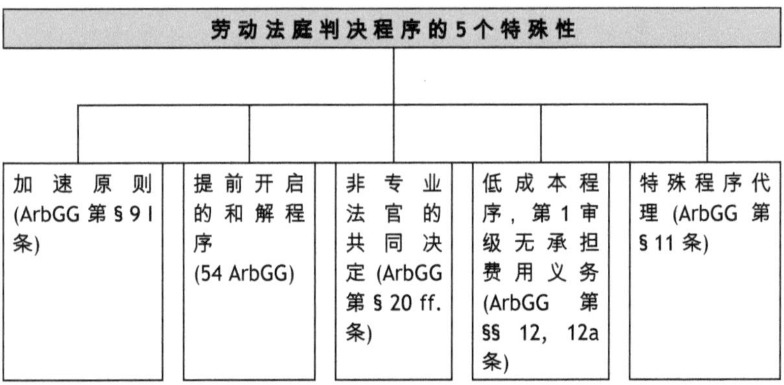

决议程序首先对 BetrVG 法的使用和解释作出决定 (ArbGG 第 §§ 80 ff. 条)。“参与人”替代了争议双方。决定通过判决。这个程序与民法的争议程序几乎没有相似性。

两个程序通过下列情况而区分开来，即判决程序象民法程序一样适用相同的程序原则。而决议程序与之相反，劳动法庭在由行政机关提出申请的范围研讨案情 (= 调查原则)。

关键词索引